Jürgen Werbick · Erlösung erzählen – verstehen – verkündigen

Jürgen Werbick

Erlösung
erzählen – verstehen – verkündigen

Theologische Hinführung – Texte zu Predigt und Meditation

Erich Wewel Verlag · München

Die Deutsche Bibliothek – CIP-Einheitsaufnahme

Werbick, Jürgen: Erlösung erzählen – verstehen – verkündigen: theologische Hinführung – Texte zu Predigt und Meditation / Jürgen Werbick. – München: Wewel, 1997
ISBN 3-87904-203-9

© 1997 by Erich Wewel Verlag, München
Alle Rechte vorbehalten.
Umschlagabbildung: Fresko aus der Kirche in Urschalling/Chiemsee
Herstellung: Verlag und Druckerei G. J. Manz AG, Dillingen/München
Printed in Germany

ISBN 3-87904-203-9

Inhalt

Vorwort   9

I. Um Leben und Tod – die Öffnung des Horizonts

1. Unsere großen Worte   11
2. Den Horizont öffnen   14
3. Um Leben und Tod?   19
4. Biblische Besinnung: Die Botschaft des Weizenkorns   27
4.1 „Zur Erde mußt du zurück!" (Joh 12,24-25)   27
4.2 Aufstehenkönnen (Ez 37,1-14)   30

II. Das große Wort „Erlösung"

1. Traum oder Ende des Alptraums?   36
2. Welt-fremder Erlösungsglaube?   40
3. Der zur Welt gekommene Menschen- und Gottessohn   45
4. Biblische Besinnung: Gottes Schwäche für den Menschen (Phil 2,6-11)   47

III. Das erlösende Wort

1. Jesu Evangelium: eine gute Nachricht – für wen?   51
2. Eine zweite Chance?   55
3. Gottes „Herrschaft": Wie sie anfängt – was mit ihr anfängt   59

4.	Biblische Besinnung: Gottes Herrschaft – sein Wille geschieht	61
4.1	Gepackt (Mt 12,22-29)	61
4.2	Jesus Christus, Gottes Spur in unserer Welt (1 Thess 4,3)	68

IV. Die erzählte Passion

1.	Was bleibt da zu erzählen?	75
2.	„Negative" Soteriologie?	79
3.	Biblische Besinnung: Von Gott und der Welt verlassen?	85
3.1	Tag der unerhörten Gebete (Lk 22,39-46)	85
3.2	Verachtet – kein Mensch (Ps 22,1-19)	88
3.3	Warum hast du mich verlassen? (Ps 22)	90

V. Der Tod Jesu am Kreuz – unsere Erlösung

1.	Erlösung verstehen?	94
2.	Erlösende Gottesgegenwart – im Gekreuzigten?	99
3.	Gestorben wegen der Sünde, zur Vergebung der Sünde	102
4.	Exil und Erlösung	105
5.	Biblische Besinnung: Wo wohnt Gott? Wie wird er sichtbar?	107
5.1	Wohngemeinschaft mit Gott (Hag 1,1-8.15b-2,9; Jer 7,1-15; Mk 14,55-64)	107
5.2	Kreuzverhüllung – Kreuzenthüllung Gottverhüllung – Gottenthüllung (Joh 19,5)	112

VI. Versöhnung

1.	„Er ist unser Friede" (Eph 2,14)	120
2.	„Als wir noch (Gottes) Feinde waren" (Röm 5,10)	124
3.	Wo ist Versöhnung?	131
4.	Vergebung	138
5.	Biblische Besinnung: Streiten trennt? – Streiten verbindet? (Röm 8,18-23)	144

VII. Jesu Opfer: Gott dargebracht?

1.	Die Last einer unverstandenen Tradition	148
2.	Eine Logik des Bezahlenmüssens?	150
3.	Opfer und stellvertretende Sühne	155
4.	Der erlösende Exodus	161
5.	Das lebendige, heilige und Gott wohlgefällige Opfer (Röm 12,1; Eph 5,2)	164
6.	Biblische Besinnung: Müssen Opfer sein?	166
6.1	Gestorben zur Sühne für unsere Sünden (Mk 10,42-45)	166
6.2	Abrahams Opfer – Jesu Opfer (Gen 22,1-19)	174

Vorwort

Das Thema *Erlösung* steht im Zentrum des kirchlichen Bekenntnisses und der Verkündigung. Aber vielen Menschen sagen die Worte und Bilder, die es im kirchlichen Sprachgebrauch repräsentieren, nichts mehr oder das Falsche. So besteht die Gefahr, daß sich im Zentrum christlichen Glaubens Unverständnis oder elementares Mißverstehen breitmachen. Das mag mit einer äußerst zwiespältigen Überlieferungs- und Verkündigungsgeschichte zusammenhängen. Aber hier tritt offenkundig auch eine tiefliegende Unfähigkeit „moderner" Welt- und Selbsterfahrung zutage, überhaupt noch etwas von Gott zu erwarten. Wo sollte sich denn Gottes „Zuständigkeit" in einer Welt ausmachen lassen, die ganz und gar zum Spielraum menschlicher Selbstentfaltung und Selbstzerstörung geworden zu sein scheint? Oder bezieht sich Erlösung sowieso „nur" auf den Zugang zu einer ewigen Seligkeit, die erst „jenseits" der Erfolgs- und der Katastrophengeschichte dieser Welt beginnt?
Die theologische Reflexion ist gefordert, dieser Ausgrenzung Gottes aus den Zusammenhängen unserer Welt auf den Grund zu gehen und so den biblischen Erlösungsglauben wieder spruchreif zu machen. Verkündigung und Katechese hätten sich der mit dem Thema *Erlösung* verbundenen Sprachverlegenheit konkret zu stellen. In diesem Buch wird beides versucht. Theologische Hinführungen bringen Grundmodelle biblischen Erlösungsglaubens mit heutiger Welt- und Selbsterfahrung ins Gespräch. 13 biblische Besinnungen machen die Probe aufs Exempel: Sie erproben den theologischen „Bewegungsspielraum", der zuvor sondiert wurde. Einige dieser Texte wurden schon früher publiziert; im einzelnen sind das die Texte Kap. I, 4.1 (Der Prediger und Katechet 134 [1995], 231-233), Kap. III, 4.2 (PuK-Sonderheft Credo, hg. von H. Brosseder/J. Werbick, München 1986, 72-77), Kap. IV, 3.1 (PuK 132 [1993], 282-284) und 3.3 (PuK 134 [1995], 299-301), Kap. VI, 5 (PuK 132 [1993], 418-421) sowie Kap. V, 5.2 (Christ in der Gegenwart 48 [1996], 117 f.).
Wem könnte mit dieser Verknüpfung systematisch-theologischer Reflexion mit homiletisch-katechetischer Konkretion gedient sein? Ich denke vor allem an in Predigtdienst und Erwachsenenbildung Engagierte, die neben den methodisch-

didaktischen Problemen auch elementare theologische Verstehensprobleme angehen und sich etwa auf die Karwoche geistlich vorbereiten wollen. Auch bei der Vorbereitung auf das von Papst Johannes Paul II. ausgerufene Heilige Jahr 2000, das der „Feier der Gegenwart Gottes in der Welt" gewidmet sein soll, könnten die Überlegungen und die Texte dieses Buches helfen, Jesus Christus, das „menschliche Antlitz Gottes", in Predigt oder Erwachsenenbildung als *Erlöser* zur Sprache zu bringen. Wer aber erst einmal die theologisch-spirituelle Tragweite des Erlösungsglaubens zu ermessen beginnt, der wird den in diesem Buch angesprochenen Fragen in Pastoral, Verkündigung und Katechese auf Schritt und Tritt begegnen. Vielleicht kann dieses Buch dazu ermutigen, ihnen dann nicht auszuweichen.
Mein Dank gilt all denen, die mir bei der Drucklegung dieses Buches geholfen haben: Monika Aumüller, Christina Dehmel und Sebastian Gürtler, die die Druckvorlage erstellten, und Frau Dr. Treml, die das Projekt im Wewel Verlag betreute.

Münster, im April 1997

I. Um Leben und Tod – die Öffnung des Horizonts

1. Unsere großen Worte

Wer im Dienst der Verkündigung, in der religionspädagogischen Arbeit „vor Ort" oder in der religiösen Erwachsenenbildung engagiert ist, der wird diese Verlegenheit kennen: Wir nehmen zu schnell und zu häufig die großen Worte von den höchsten und „letzten" Dingen in den Mund und merken irgendwann, daß sie bei unseren Zuhörern als pathetisches Feiertagsvokabular ankommen. Ihre Alltagsrealitäten sind „kleiner", „gemischter"; das Pathos der großen Worte ist zwei Nummern zu groß für das, womit sie umgehen und zu kämpfen haben.
Musterbeispiel ist unser Reden von *Liebe*. Wenn es theologisch „ernst" wird, fangen wir fast unvermeidlich damit an, über die Liebe zu sprechen – und verlassen so regelmäßig die Alltagsniederungen der Zuhörer im theologisch-moralischen Steilflug. Daß Gott die Liebe ist, daß, wer nicht liebt, Gott nicht erfahren und „erkannt" hat (1 Joh 4,8.16), daß ein Leben aus dem Geist Jesu Christi ein von der Liebe beseeltes Leben ist, das ist ebenso richtig wie zur fast beliebig deutbaren Leerformel verkommen. Was heißt nicht alles Liebe! Vom depressiven „Sich-alles-bieten-Lassen" bis zum raffiniert inszenierten, den Partner und sich selbst ausbeutenden „Liebe machen" reicht die Palette, wobei der religiöse Sprachgebrauch sich auf das „Müssen" zu beschränken und die Faszination der Liebe kaum noch zu kennen scheint. Und der Zwiespältigkeit einer Partnerbeziehung oder des Verhältnisses zwischen Eltern und Kindern, zwischen Freundinnen und Freunden wird man nur noch ganz aus der Ferne ansichtig, wenn Gott, die Kirche, der Glaube das sprachliche Feld bestimmen. So kommt es, wie es kommen muß: Wenn die – meist zölibatären – Prediger von Liebe zu reden anfangen, denken die meisten Zuhörer, sofern sie wirklich noch zuhören: Wenn die nur wüßten, worüber sie reden! Aber vielleicht wissen sie es ja. Und doch sondert das Wort Liebe in ihrer Sprachwelt den alles miteinander verklebenden Honig eines moralisch-pathetischen Gefühlsaufschwungs ab.

Andere große oder letzte Worte haben andere Sprach- und Hörschicksale, etwa Schuld, Vergebung, Versöhnung, Heil, Freiheit, Tod, Auferstehung. Aber die Verführung, die von ihnen ausgeht, ist doch im großen und ganzen die gleiche. Man ist bei ihnen zu schnell fertig mit der Konkretheit und Zwiespältigkeit alltäglicher Erfahrungen; man ist zu schnell und zu oberflächlich hinweggegangen, hinweggeflogen über das, was unsere Zuhörer bewegt und ihnen zu schaffen macht. So werden die großen Worte zum Feiertagsvokabular, das nur noch verziert, aber nichts mehr in Bewegung bringt.

„Was man sich nicht erfliegen kann, das muß man sich erhinken" – viele mit der Sorge um die religiöse Sprachwelt Betraute versuchen, die Wahrheit dieser Sentenz zu beherzigen. Sie mißtrauen den Vehikeln der großen Worte und versuchen, mitzugehen mit den Erfahrungen der „Leute", sie zu begleiten mit vorsichtigen Deutungen, Einwürfen, Impulsen, mit nachdenklicher Freundlichkeit und Beharrlichkeit. Nur den Mund nicht zu voll nehmen; nur nichts sagen, was die Zuhörer nicht ziemlich schnell in ihrer Alltagswelt unterbringen können! Lieber mithinken und mitstammeln als im rhetorisch-pädagogischen Überschwang zum „theologischen Maulhelden" zu werden!

Die theologische Tradition kennt diese Skepsis gegenüber dem Zuviel-Sagen und Zuviel-Wissen. Freilich hat sie hier eher Gott im Blick als das Mißtrauen der Zuhörer gegenüber den großen Worten: Das Zuviel-Sagen und Zuviel-Wissen tritt Gott zu nahe; es macht ihn sprachlich verfügbar als feierliche Überhöhung und Abrundung unseres Lebens, unserer Geschichte, unserer Welt: Gott als die Lösung, die in alle unsere Aporien eingesetzt werden kann, so daß sie – mit Gott – „aufgehen". Die „negative Theologie" hat sich dagegen gewehrt, daß Gott theologisch (und in der Verkündigung) in unsere Welt eingepaßt und kirchlich-rituell handhabbar oder einsetzbar gemacht wird (vgl. zum Überblick das Buch von J. HOCHSTAFFL, Negative Theologie. Ein Versuch zur Vermittlung des patristischen Begriffs, München 1976); sie versuchte, die Nichtvereinnahmbarkeit Gottes zu wahren. Vielleicht haben wir heute einen „Schuß" negativer Theologie auch dazu nötig, daß wir mit unseren großen Worten den Erfahrungen der Menschen nicht zu nahe treten und sie nicht vereinnahmen. Die Andersartigkeit und Sperrigkeit ihrer Erfahrungen zu den großen Worten und

Themen, die ihnen Theologie und Verkündigung so schnell überstülpen, wäre zuerst einmal wahrzunehmen und zu achten, dann aber auch als Herausforderung anzunehmen, sorgfältig und sensibel *zusammenzubringen*, was für viele Zeitgenossen rein gar nichts miteinander zu tun hat. Es ist ja theologisch und in der Glaubensvermittlung auch nicht einfach damit getan, die in den großen Worten unserer Glaubensüberlieferung angesprochenen Zusammenhänge mit der Zuwendung zur konkret-zwiespältigen Alltagswelt als irrelevant gewordene Über- oder Hinterwelt auf sich beruhen zu lassen. Das Pathos des konkret Alltäglichen kann auch mit Denkfaulheit gepaart sein – oder mit der Unwilligkeit, sich umfassendere Horizonte und entscheidend wichtige Zusammenhänge erschließen zu lassen; es kann einer Blickverengung Vorschub leisten, in der man immer nur „nichts als ..." (L. FEUERBACH) sieht, weil „alles andere" von vornherein ausgeblendet, als entlarvt oder überholt abgetan wurde.

Die großen Worte werfen zumindest Fragen auf; Fragen, von denen man natürlich sagen kann, sie seien nicht zu beantworten, sondern zu kurieren wie Krankheiten (L. WITTGENSTEIN); Fragen, die jedoch auch dazu angetan sein könnten, das Selbstbewußtsein der Menschheitskurierer tiefreichend zu verunsichern. FRIEDRICH NIETZSCHE verfügte noch einigermaßen ungebrochen über dieses Pathos, der Menschheit die falschen Fragen und Frage-Bedürfnisse auszutreiben. Man sollte endlich, so dekretiert er, „doch auch lernen, dass die Bedürfnisse, welche die Religion befriedigt hat und nun die Philosophie befriedigen soll, nicht unwandelbar sind; diese selbst kann man *schwächen* und *ausrotten*. Man denke" – so fährt er fort – „zum Beispiel an die christliche Seelennoth, das Seufzen über die innere Verderbtheit, die Sorge um das Heil, – alles Vorstellungen, welche nur aus Irrthümern der Vernunft herrühren und gar keine Befriedigung, sondern Vernichtung verdienen" (Menschliches, Allzumenschliches I, Aph. 27, Kritische Studienausgabe der Sämtlichen Werke, Bd. 2, München-Berlin 1980, 48). Wer sich diese Irrtümer als solche klar macht, der muß auch – so NIETZSCHE – die Fragen nicht mehr mitfragen, die sie aufwerfen, der hat „die Hypothese eines Gottes", in der man bisher die Antwort suchte, nicht mehr nötig (vgl. a.a.O. Aph. 28, KSA 2, 49).

Wer den großen Worten aber überhaupt nichts mehr zutraut – nicht einmal mehr dies, daß in ihnen der Widerspruch gegen die schnelle Lösung und die pragmatische Bereinigung der Lebensverhältnisse laut wird –, der leistet vielleicht doch jener Ausrottungsmentalität Vorschub, die alles als Ballast abwirft, was sich nicht mehr oder weniger unmittelbar als Produktionsfaktor oder als Erlebnisressource nutzbar machen läßt. Es braucht Sorgfalt und Unterscheidungsvermögen, um mit der Skepsis gegen die großen Worte nicht unter der Hand die Verschleuderung eines Erbes zu betreiben, das so wenig nutzbar erscheint, sich aber leicht als unverzichtbare „Überlebensration" für die Menschheit erweisen könnte.

2. Den Horizont öffnen

Was ich jeweils als die für mich entscheidend wichtige Lebens-Frage ansehe, das hängt natürlich von der Perspektive ab, in der ich die Zusammenhänge, die krisenhaften Entwicklungen meines Lebens, aber auch die Erfolgserlebnisse anschaue und damit immer auch schon deute. Diese Perspektive selbst habe ich nicht im Blick; ich sehe nicht mein Sehen, mein Hinein- und Zurechtsehen. Ich sehe nicht – jedenfalls nicht ohne weiteres –, was mein Sehen mit den Zusammenhängen macht, die es in den Blick nimmt. Daß mir meine Sichtweise nicht einfach selbstverständlich und unbefragt gültig bleibt, daß ich sie als *meine* Sehweise von dem, was mein Sehen in den Blick nimmt, unterscheiden lerne, das ergibt sich daraus, daß andere die gleichen Zusammenhänge offenkundig anders sehen und ich mir die Frage stellen muß, wie es zu den unterschiedlichen Sehweisen kommt und was sich unter Berücksichtigung unterschiedlichster Perspektiven über das jeweils so unterschiedlich Gesehene einigermaßen verläßlich – „objektiv" – sagen läßt.
Vernünftig nennt man einen Menschen, der nicht einfach nur seine eigene ego-zentrische Perspektive für maßgebend hält, sondern sich in andere Perspektiven hineinversetzen (hineindenken) und die verschiedenen Sichtweisen nachvollziehbar miteinander vermitteln kann, der also seinen Blick so zu „weiten" versteht, daß für die Beurteilung des Gesehenen Entscheidendes nicht ausgeblendet bleibt. Das *Ausblenden* macht die

Dinge einfacher und handhabbarer. Man kann sich leichter orientieren und schneller reagieren, wenn man sich die Zusammenhänge so zurechtschneidet und schematisiert, daß man bei der Reaktion nicht auf allzuviel achten muß. Man kann sich die Dinge natürlich auch zu einfach machen und dabei aus dem Blick verlieren, was man unbedingt hätte berücksichtigen müssen. In technisch-handwerklichen Zusammenhängen rächt sich diese unzulässige Vereinfachung schnell: Wenn man wichtige „Randbedingungen" ignorierte oder keine Rücksicht nahm auf die Belastbarkeit des Materials, weil man sich kein umfassendes Bild machte von den Anforderungen, denen die „Konstruktion" zu genügen hat, funktioniert sie nicht oder geht sie zu Bruch.

In anderen Lebenszusammenhängen erweist sich die Unzulässigkeit der Ausblendung nicht ebenso prompt und mit ebenso unbezweifelbarer Eindeutigkeit. Nichts scheint dagegen zu sprechen, sich etwa die früher so pathetisch ausgebreiteten, „großen" existentiellen Probleme zu Problemen des „Lifestyles" zurechtzuschneiden oder – wie ja vielfach mit hohem intellektuellem Anspruch vorgeführt – das religiös aufgeladene Problem Schuld und Sünde einfach auf den durch Strafandrohung erzielten Gewissensdruck zurückzuführen. Man macht sich die Dinge einfach, indem man die Berücksichtigung weiter reichender Zusammenhänge und umfassender Kontexte für überflüssig erklärt. Man läßt sich nicht ablenken von Fragestellungen, die offenkundig zunächst einmal „nichts bringen" – weder Erkenntnis- noch lebenspraktischen Gewinn. Warum also sollte man weiterfragen, tiefer bohren, mehr sprachlich-intellektuellen Aufwand betreiben?

So scheint es auch ausgemacht, daß die Verkündigung und die religiösen Dimensionen der Wirklichkeit, die sie geltend machen will, nichts Wesentliches hergeben für das von jedem Menschen je in seiner Weise zu meisternde Projekt „Leben" oder für das gemeinsam in Angriff zu nehmende Projekt „Besser Leben". BERTOLT BRECHT läßt Herrn K. auf die Frage, ob es einen Gott gibt, den pragmatischen Rat erteilen:

„Ich rate dir, nachzudenken, ob dein Verhalten je nach der Antwort auf diese Frage sich ändern würde. Würde es sich nicht ändern, dann können wir die Frage fallenlassen. Würde es sich ändern, dann kann ich dir wenigstens noch so weit behilflich sein, daß ich dir sage, du hast dich schon entschieden: Du brauchst einen Gott." (Geschichten vom Herrn Keuner, in: Geschichten, Frankfurt a. M. 1962, 163-201, hier 170).

Im Klartext: Wer Gott nicht mehr braucht, um sein Verhalten rational zu steuern, für den stellt sich die Frage nach Gott nicht mehr, dem sagt dieses große Wort nichts mehr; für den hat eine „letzte Instanz", an der er sein Verhalten auszurichten hätte, jeden aufweisbaren Sinn verloren. Aber hat er nicht auch die „letzte Instanz" verloren, die seiner Blickverengung noch Widerstand leisten könnte? Es ist ja eine *sich selbst bestätigende Blickverengung*: Wer seinen Blick allein auf die Verbesserung der Lebensqualität oder auch auf die Durchsetzung einer bestimmten Gesellschaftsordnung richtet, der wird aus dem Blick verlieren, was dazu nach seinem Urteil nichts beiträgt. Und er wird sich in der Hochschätzung seiner Prioritäten gerade dadurch bestätigt finden, daß er all das offenkundig *nicht braucht*, was mit seiner Prioritätensetzung nicht zusammenstimmt: Ich brauche nicht, was ich sowieso für unwichtig oder gar schädlich halte. Gott brauche ich nicht, mir fehlt er nicht!
Es ist meist vergebene Liebesmüh', dem „Argument" des Nicht-Brauchens mit dem angestrengten Beweis begegnen zu wollen, daß der, der es unbekümmert vorbringt, Gott in Wahrheit doch braucht. Wer sich seine Welt so eingerichtet hat, daß er Gott nicht braucht, der hat sie sich ja auch deshalb *so* eingerichtet, weil er Gott nicht brauchen will; und er wird immer genügend Möglichkeiten finden, sich selbst und anderen zu demonstrieren, daß er ihn tatsächlich nicht braucht. Und überhaupt: Was bedeutet es für Gott, sein Dasein, seine „Wichtigkeit", ob X oder Y ihn zu brauchen meint? Das „Nicht-Brauchen" ist so wenig ein negativer Gottesbeweis wie das „Brauchen" ein positiver wäre. Gott ist nicht dadurch da, daß man ihn braucht. Und er ist nicht widerlegt, wenn jemand seine Lebensperspektive so zurechtschneidet, daß er in ihr nicht vorkommt. So ist es in der Verkündigung wie in Bildungsprozessen sowohl theologisch wie auch pädagogisch prekär, sich an das apologetische Argument zu klammern, ohne Gott gehe dieses und jenes nicht, ohne Gott könne Leben nicht gelingen und das Zusammenleben nur zum Desaster werden. Das mag ja so sein; aber es läßt sich nicht apologetisch ausschlachten und zum Ausheheln areligiöser Weltsichten benutzen.

Was bleibt, wenn von der Triftigkeit unserer Glaubensüberzeugung Rechenschaft gegeben werden und wenn glaubende oder zu glauben versuchende Menschen mit guten Gründen in ihrer Überzeugung bestätigt, vielleicht auch weitergeführt werden sollen? Es bleibt der Versuch, konkret zu zeigen, wie die großen Themen des Glaubens Zusammenhänge und Lebenskontexte wachrufen, deren Würdigung „mehr" sehen läßt, sichtbar macht, wie das Wegschneiden von Zusammenhängen unserer menschlichen Wahrnehmung Gewalt antut – sie geradezu mit Gewalt oberflächlich und mitunter gefährlich selektiv macht.
Religiöse Überlieferungen sind Angebote, weitere Zusammenhänge nachzuverfolgen, ihnen auf die Spur zu kommen, sich die Augen öffnen zu lassen dafür, was in geschichtlichen Situationen und persönlichen, mitmenschlichen Erfahrungen noch alles „mitspielt" und auf dem Spiel steht; Angebote, die Perspektive zu weiten auf Menschen und Erfahrungen, die leicht in der Grauzone diffuser Unaufmerksamkeit bleiben oder gar in die kognitive Nicht-Existenz abgedrängt werden.
Wahrnehmung ist immer selektiv. Wer alles sehen wollte, würde nichts mehr sehen. Die Komplexität des unsere Aufmerksamkeit Anfordernden zwingt uns auszuwählen, und das heißt: die für uns jetzt wichtigen Zusammenhänge zu konstruieren und uns so eine Wahrnehmungswelt aufzubauen. Prekär wird dieses „Zurechtschneiden" dort, wo es die Wahrnehmungswelt aus Zusammenhängen herausschneidet – geradezu gegen sie „abdichtet" – die man nicht „ungestraft" vernachlässigen darf. Zugegeben: die Strafe folgt meist nicht auf dem Fuß; und sie wird meist nicht so erlebt, daß diese Wahrnehmungswelt zusammenbricht. Sie erscheint ganz im Gegenteil als Ballastabwerfen oder als Konzentration aufs Relevante. Aber was als Ballastabwerfen wahrgenommen wird, kann sich eben doch als Wegwerfen eines Reichtums herausstellen: *Hans im Glück* könnte die Symbolfigur sein für die sich selbst bestätigende Blickverengung auf einen Gewinn, der das Weggegebene vielleicht verschmerzen läßt – man „braucht es nicht mehr" –, es aber damit noch lange nicht „ersetzt".
Natürlich wird man *Hans im Glück* nicht damit kommen können, sein Glück sei gar keins, er habe ja alles aus der Hand gegeben, was ihn „wirklich" glücklich hätte machen können. Er ist eben nur (noch?) empfänglich – „musikalisch" – für die Art

von Glück, die er sich eingetauscht hat. Nützt es da noch etwas, ihm eine andere Musik vorzuspielen?
Die Frage ist einigermaßen dramatisch. Müssen wir etwa davon ausgehen, daß wir uns in den Kirchen nur noch in den immer enger werdenden Zirkeln derer bewegen werden, die „religiös musikalisch" sind, die mit dieser Art von Musik etwas anfangen können? Die Metapher ist einerseits verlockend aufschlußreich: Wer mit Bachscher Musik etwas anfangen kann, der wird sich reich wissen und gar nicht anders können, als die „anderen", die für diese Musik keine „Antenne" haben, als arm anzusehen. Und er wird es wohl nie ganz aufgeben, den „anderen" die Schätze dieser Musik nahezubringen; wenn er pädagogisch ambitioniert ist: auf Wegen, auf denen ihm vielleicht sogar eingefleischte Techno-Freaks ein Stück weit folgen können. Geht es uns in der Glaubensverkündigung nicht so ähnlich? Der Reichtum, mit dem wir uns beschenkt sehen, läßt andere kalt. Es scheinen ihnen die Organe – die Wahrnehmungsfähigkeit – zu fehlen, diesen Reichtum zu schätzen. Und wir versuchen, so gut es geht, ihre Wahrnehmungsfähigkeit zu stimulieren; wir versuchen, ihnen zu zeigen, wie dieser Reichtum tatsächlich unser Leben bereichert. Ist „Reichtum" nicht auch ein gutes Wort für das, was uns im Glauben widerfährt; ein besseres jedenfalls als „Notwendigkeit", vielleicht auch „Wahrheit"?
Aber hier hakt der Vergleich. Ich kann ganz gut damit leben, daß viele Menschen für Bachs Musik unmusikalisch sind – eine leise Trauer vielleicht eingeschlossen. Daß viele Menschen aber religiös unmusikalisch scheinen, das macht mir doch schwer zu schaffen. Ich kann mich nicht zurückziehen auf den leicht resignativen Ausweg, die religiös Unmusikalischen hätten eben keinen Sensus für einen Reichtum, ohne den sie zur Not aber auch ganz gut auskommen. Im Ästhetischen mag es ja so sein: Wer nicht hörfähig ist für die musikalische Sprache im Sektor X, der wird vielleicht sogar sensibler sein für die ähnlich ausdrucksvolle musikalische Sprache im Sektor Y. Aber läßt sich die Unmusikalität vieler im „religiösen Sektor" – von seiten der „Religiösen" – mit der Hoffnung darauf verschmerzen, vielleicht steigere das die Wahrnehmungsfähigkeit in anderen Bereichen? Oder darf man – wie viele Musikpädagogen – von der optimistischen Voraussetzung ausgehen, mangelnde Musikalität sei kein unabänderliches Schicksal?

Wie dem auch sei: Der Ausfall religiöser Wahrnehmungsfähigkeit erscheint mir als ein Manko, das mich dazu provoziert, die „religiöse Musik" immer wieder neu vorzuspielen und zu instrumentieren in der Hoffnung, sie öffne doch noch die Ohren; oder – um aus dem Bild zu fallen – es öffneten sich doch noch die Augen für Zusammenhänge, die wahr- und ernstzunehmen das Leben nicht einfach nur reich (oder „glücklich"), sondern erst wirklich zu einem verheißungsvollen Geschenk machen – zu einem Geschenk freilich, das als solches ernstgenommen werden muß und nicht einfach oberflächlich „liegengelassen" werden darf.

Die religiöse „Musik" entwickelt sich an zentralen Themen („Motiven"), die sie immer wieder neu verarbeitet, variiert, vielleicht auch umorganisiert. Die „großen Worte", von denen vorhin die Rede war, sind Kürzel für diese Themen, oft genug abgegriffene und mißverständliche Kürzel, die eben wieder „Musik" werden müssen – und dann vielleicht doch die in Verdrängungen und im Verschweigen versteinerten Verhältnisse, die Wahrnehmung unseres Lebens, zum Tanzen bringen.

3. Um Leben und Tod?

Daß die Musik ins Ohr geht, dafür kann man manches tun; musiktheoretische und musikpraktische Fertigkeiten sind da von Nutzen. Aber daß das Gehörte als schön – als Reichtum – auf- und angenommen wird, das ist – wenn die Niederungen musikalischer Verführung erst einmal verlassen sind – doch immer neu ein Wunder. Vom Glauben- und Hoffnung-fassen-Können sagt die Theologie, es sei *Gnade*, eine Gnade, die gewiß vieles voraussetzen und abverlangen mag. Religiöse Kenntnisse und Fertigkeiten werden helfen, die Grundthemen analysieren und in ihren Spannungen, in ihrer „Materialbeschaffenheit", wahrnehmen zu können. Aber dann kommt es doch immer entscheidend darauf an, daß diese Themen kreativ verarbeitet werden, so daß die Zuhörer und Mitlernenden die Musik als ansprechend, anrührend, überwältigend, mitunter freilich auch als fast unerträglich irritierend und zur Auseinandersetzung zwingend erfahren können.

Die Arbeit an der Wahrnehmungsfähigkeit der Menschen anhand der als unerläßlich überlieferten Leitthemen; anders gesagt: die Öffnung der Ohren und des Blicks für Verschwiegenes, für die weggeschnittenen Zusammenhänge, für das pragmatisch Ausgeblendete – das ist, so meine ich, eine diskutable Aufgabenbeschreibung für Prediger(-innen) und Lehrer(-innen) in Glaubensdingen. Von den großen Themen lebt die (religiöse) Musik; an ihnen stirbt sie, wenn sie nur noch hergeleiert und repetiert werden. Spannende, irritierende oder provozierende, vielleicht immer wieder auch einfach schöne Musik will aus ihnen entstehen. Oder, um dieses verführerische Bild nicht weiter zu strapazieren: die großen Themen und Worte müssen in der Glaubensvermittlung ihre Bedeutung als „Horizonteröffner" zurückgewinnen; man muß es ihnen wieder ansehen und anhören lernen, wie sich mit ihnen buchstäblich alles verändert; wie die Zusammenhänge, die sie in der alltäglichen Lebenswelt aufscheinen lassen, praktisch an jedem Punkt dieser Lebenswelt zu einer neuen Ortsbestimmung provozieren, Abgründe aufreißen, Entwicklungen neu sehen, Handlungsmöglichkeiten erarbeiten und vielleicht auch verläßliche Wege entdecken lassen.

Das ist viel verlangt und viel versprochen. Was in diesem Buch jetzt noch kommt, wird mehr oder weniger weit dahinter zurückbleiben. Es arbeitet sich ab an einigen der großen Worte, *ohne die* im Christentum viel verschwiegen würde – *mit denen* Entscheidendes auf dem Spiel steht, aber eben auch allzu oft zum Klischee plattgeredet wird: Erlösung, Leben, Versöhnung, Auferstehung. Hoffentlich sind die theologischen Informationspäckchen so zusammengestellt und dimensioniert, daß naheliegende Mißverständnisse ihre Zwangsläufigkeit verlieren und klischeeproduzierende Selbstverständlichkeiten hinreichend irritiert werden. Die großen Themen müssen offenkundig theologisch „aufgerauht" werden, damit man ihnen noch ansieht, was sie aufschließen und ins Blickfeld rücken können. Diese Arbeit an der „Aufrauhung" des oft so katechismushaft Geglätteten ist nun einmal *Arbeit*, eine Arbeit freilich, für die sich durchaus begeisterte Mitarbeiter finden lassen – etwa in der theologischen Erwachsenenbildung. Die theologischen Texte dieses Buches haben einen möglichen Ort – und sind z.T. auch an diesem Ort entstanden – in solcher Arbeit mit interessierten Laien in den Gemeinden und mit Hauptamtlichen im kirchlichen

Dienst. Die jedes Kapitel abschließenden biblischen Besinnungen wollen einfach „vorspielen", wie ich die Themen dann verarbeitet habe; nicht mit dem Anspruch, so ginge es am besten, sondern in dem Bewußtsein, daß man auch in Theologie und Pastoral sich nicht scheuen darf, etwas „vorzumachen", damit die, die zugeschaut, zugehört und nachgelesen haben, es mit ihren „Bordmitteln" und guten Gründen dann ganz anders machen können.
Die Texte beziehen sich auf Themen, Lesungen und Fragestellungen, die zwar in der Fasten- und Passionszeit ihren „liturgischen Ort" haben, aber auch zu anderen Zeiten des Kirchenjahres aufgegriffen werden können. Ich stelle mir vor, daß solche Zeiträume vielfach genutzt werden können, an der Wahrnehmungsfähigkeit der Gemeindemitglieder für das in den „großen Worten" so mißverständlich Ausgesprochene zu arbeiten, daran zu arbeiten, daß einem diese Worte nicht mehr zu schnell über die Lippen kommen, aber auch daran, daß sie nicht vom kirchlichen Betrieb auf die Schweigeinsel der feierlichen Tabuwörter verbannt werden. Und mir scheint, daß wir hier auf die „Anfänge des Verstehens zurückgeworfen" sind (D. BONHOEFFER). Zu diesen Anfängen „bekehrt" man sich vielleicht am nachhaltigsten, wenn man auch im Gespräch mit kirchlichen Insidern den Zweifel, den Ärger, die Gleichgültigkeit gegenüber den großen Worten mitsprechen läßt, die wir am deutlichsten bei denen mitbekommen, denen das alles nichts mehr zu bedeuten scheint, die aber auch – wer wüßte das nicht aus eigener Erfahrung – bei uns Insidern immer nur auf Zeit zum Schweigen zu bringen sind und nur noch bohrender werden, wenn sie nicht zu Wort kommen dürfen. Also: Lassen wir sie mitsprechen und vergessen wir „die Anfänge" nicht, von denen sich unser Verstehen meist nur beklagenswert oder auch erfreulich wenig entfernt.
Und es fängt so an – in der Fastenzeit, aber nicht nur hier –, daß man das Leben als eine Sache auf Leben und Tod wahrzunehmen lernt, als den Ort, an dem es immer wieder anders, aber eben doch immer wieder um das eine geht: um Leben und Tod. Das fokussierende Zurechtschneiden der Wahrnehmungsperspektive, das es uns erlaubt, nicht immer alle Tiefen und Untiefen des Lebens „realisieren" zu müssen, und uns so in die Lage versetzt, zugleich sorgloser und hoffnungsärmer mit dem Le-

ben umzugehen, läßt in der Grauzone des *jetzt* nicht Bedeutsamen, welche Entscheidungen hier zu treffen sind – oder läßt es gleich im Abseits des Unentscheidbaren und *deshalb* Irrelevanten verschwinden. Die biblischen Texte schonen uns hier nicht. Sie erlauben es dem, der sich ihnen aussetzt, nicht, das Entscheidende aus dem Blick zu verlieren. So hat das Ins-Spiel-Kommen Jahwes etwa für das Deuteronomium immer damit zu tun, daß das Volk eine klare Entscheidung treffen muß und sich nicht in den alltäglichen Überlebensstrategien verlieren darf. Dem Mosebund liegt – von den Stämmen Israels her – diese Entscheidung zugrunde; der Mose des Deuteronomiums legt sie ihm vor:

„Den Himmel und die Erde rufe ich heute als Zeugen gegen euch an. Leben und Tod lege ich dir vor, Segen und Fluch. Wähle also das Leben, damit du lebst, du und deine Nachkommen. Liebe den Herrn, deinen Gott, hör auf seine Stimme, und halte dich an ihm fest; denn er ist dein Leben" (Dtn 30,19-20a).

Wähle das Leben! Wie kann man es wählen, da es doch geschenkt ist? Da man es aufgeladen bekommt, ohne gefragt zu werden – so mögen es die am Leben Verzweifelten empfinden! Es geht in diesem Text nicht einfach um die Warnung davor, menschliches Leben abzubrechen, ehe es richtig begonnen hat. Man sollte biblische Texte von solchem Gewicht nicht eilfertig in gutgemeinten Parolen vereinnahmen, sonst kann man sie bald nicht mehr hören; jedenfalls nicht mehr in jener Grundsätzlichkeit hören, die auch Kampagnen und Enzykliken noch einmal irritieren könnte. Wähle das Leben! Für Israel hieß das: Halte dich an deinen Gott, der das Leben ist – das Leben im Land, das den Vätern gegeben wurde, damit das Volk teile, was ihm geschenkt ist.

Sich an den halten, der das Leben ist – und es gibt, so daß es nur in rechter Weise empfangen werden kann, wenn man sich an ihn hält: Was heißt für uns im ausgehenden zweiten Jahrtausend nach Christus „sich an Gott halten"; was ist das für ein Leben, das von ihm ausgeht und deshalb nur denen in seinem ganzen Reichtum zuteil wird, die es sich von ihm schenken lassen?

Vielleicht darf man zunächst einmal allgemein sagen: „Leben" steht für die *unverfügbare Vorgabe*, aus der wir leben; besser oder schlechter leben, je nachdem, ob wir zu ihm in rechter –

lebensförderlicher – Weise Zugang finden können. Der Zugang kann versperrt sein vom Mißbrauch und der Ausbeutung des Lebensförderlichen durch Einzelne oder Kollektive, von denen ich abhängig bin, so daß ich darauf angewiesen wäre, daß sie das Lebensförderliche in gerechter Weise mit mir teilen und es so für mich „fruchtbar" machen. Der Zugang mag auch von mir selbst versperrt werden, da ich nicht in rechter Weise von dem mir Mitgeteilten Gebrauch mache – nicht wirklich „offen" für es bin. Dabei können schuldhafte Verfehlungen ebenso eine Rolle spielen wie schicksalhafte Widerfahrnisse oder soziale „Verstrickungen". Wo immer die Unfähigkeit erlebt wird, am Lebensförderlichen in guter Weise Anteil zu gewinnen, da erfährt sich der Mensch – religiös gesprochen – als *erlösungsbedürftig*. Religionen – zumindest die Erlösungsreligionen – können generell als *Kultur der Beziehung zum unverfügbar Lebenbegründenden und Lebensförderlichen* bestimmt werden und dann eben auch als Inbegriff aller Verhaltensweisen, durch die es von neuem zu lebensförderlicher Teilhabe am Geschenk des „Lebens" kommen können soll.

Was kann das konkret für das Verständnis von „Leben" und „Erlösung" hier und heute bedeuten? Zunächst einmal dies: Das Geschenk des Lebens wird als solches erfahren, wenn es nicht selbstverständlich empfangen wird, wenn vielmehr seine *Unverfügbarkeit* zum Problem geworden und keineswegs mehr sicher ist, daß sich schenkt, was ein menschenwürdiges, „erfülltes" Leben möglich macht. Daß diese abgründige Ungewißheit auch damit zu tun hat, daß wir selbst oder andere Menschen nicht in rechter Weise mit dem Lebenermöglichenden umgegangen sind oder umgehen, drängt sich immer wieder neu als Vermutung auf und läßt danach fragen, wie der Mißbrauch des Geschenkten konkret vor sich ging – und was das für ein Geschenk ist, das uns noch als mißbrauchtes zugänglich und als vorenthaltenes oder verdorbenes von uns vermißt wird. Konkret wäre zu denken an die „Lebensmittel" im engeren und weiteren Sinn, an die Nahrung für „Körper und Seele", an das, was den Körper physiologisch und den ganzen Menschen in seiner seelisch-sozialen Existenz nährt. Zu denken wäre an all das, was das Leben mehr sein läßt als das bloße Überleben und das körperlich-psychosoziale Weiterfunktionieren, was es *wertvoll* macht. Zu denken wäre daran, was es zum *Versprechen* macht, in ihm lebendig wird, so daß es „aufblüht" und Frucht bringt und dieses Aufblühen und Fruchtbringen nicht doch wieder – im Tod oder durch Menschengewalt – überholt und außer Kraft gesetzt wird. Zu denken wäre an die Macht, die all das in unser Leben „hineinbringt", die uns hoffen und fruchtbar werden läßt, die uns mitreißt, so daß wir dem Versprechen, das unser Leben ist, glauben und es ein Stück weit selbst wahrmachen können. Zu denken wäre gewiß auch daran, daß diese Macht – dieser Geist – unverfügbar bleibt, unverfügbar wie der Wind, der weht wo *er* will.

Wähle das Leben! Ist es mit dem Wählen getan, da es sich doch so leicht entzieht, da es so leicht seine Lebendigkeit verliert? Halte dich an Gott, der es selbst gibt und in ihm sich selbst schenkt! Aber wer gibt mir, mich an Gott halten zu können, daran, daß er meine Hoffnung, mein Leben ist? Was das „Wählen" angeht: Vielleicht darf man es in unserer geschichtlichen Situation auch so verstehen: *Setze darauf,* daß all das, was dein Leben in guter Weise lebendig macht, dir nicht wieder genommen wird; setze darauf, entdecke es noch in aller Not und Mutlosigkeit; laß dich nicht davon abbringen, daß es sich entdecken läßt und neu lebendig macht. Halte dich an Gott: Frag nicht, wie es möglich ist, sondern streck dich nach ihm aus, so wie es dir jetzt möglich ist – nach ihm, der sich entdecken läßt in dem Geschenk, das dir nicht selbstverständlich zur Verfügung steht, das auch nicht einfach verdient werden kann, das er dir nicht „auf ewig" vorenthalten wird, wenn du dich an ihn hältst und ihn nicht losläßt.

Inbegriff des unverfügbar Lebenbegründenden, das Gott schenkt und in dem er sich schenkt, ist im Christentum – aber nicht nur hier – die Liebe. Sie ist unverfügbar, weil sie ein Können ist und nicht erst ein Wollen, so sehr sie nur lebensförderliche Kraft gewinnt, wenn gewollt – *gewählt* – wird, was mir unverfügbar möglich geworden ist. Sie ist Lebenskraft, Faszination und Lust des Lebens selbst, ehe sie danach verlangt, gehütet und selbstvergessen geteilt zu werden, ehe sie nach der Gerechtigkeit und der Dienstbereitschaft derer verlangt, die gespürt haben, zu welchem Leben die Menschen durch sie kommen sollen.

Daß die Liebe von der Auslöschung bedroht ist, vom Tod, in dem verdorrt, was einst aufblühte, das ist die Not des Lebens und des Glaubens, in der man sich – so die Überlieferungen des Alten und des Neuen Testaments – an Gott halten darf, an ihn halten muß. Daß die Liebe stark ist wie der Tod, daß auch „mächtige Wasser" sie nicht löschen, auch „Ströme" sie nicht wegschwemmen können, weil ihre „Leidenschaft hart (ist) wie die Unterwelt" (Hld 8,6-7), das ist entweder Überschwang der Verliebten. Oder es ist wahr, weil Gott es wahr macht, so daß man sich an ihn halten muß, damit es wahr wird, immer mehr wahr wird. Der Unverfügbarkeit des Lebenbegründenden ist nur das glaubende Sich-an-Gott-Halten gewachsen. Das ist die Botschaft der Bibel. Und sie will immer wieder in dieser Grundsätzlichkeit gehört und durchgearbeitet werden. Dazu werden die „großen Worte" gebraucht. Vielleicht können sie ja – recht gebraucht – Schaufeln sein, die das alltäglich plattgetretene Leben umgraben und empfänglich machen (MARTIN WALSER nennt Bücher „eine Art Schaufel, mit der ich mich umgrabe"; zitiert nach: O. Betz, Den Menschen meditieren, München 1972, 16). Vielleicht können sie die pragmatischen Blickverengungen aufbrechen, damit die hintergründige Dramatik des Lebens ins Blickfeld tritt – als die mich angehende Dramatik und nicht nur als der Thrill in erlebnisgerechten Ersatzinszenierungen.

Es ist schon so, NIETZSCHE hat es klar gesehen: Unsere großen Worte *dramatisieren*; und mit ihnen die Verkündigung, die sie im Munde führt. Die Frage ist nur: Dramatisieren sie oberflächlich und irreführend; inszenieren sie eine falsche Dramatik, damit Gott der Hauptakteur bleiben kann – und wir die ihm hörigen Mitspieler bleiben müssen? Oder legen sie die Spannungen frei, in denen Leben sich entscheidet, in denen es entweder „gewählt" und empfangen oder verfehlt wird?

Fastenzeit und Karwoche und darüber hinaus das ganze Kirchenjahr inszenieren die Spannung zwischen Tod und Leben als das Handlungsfeld eines Dramas zwischen Gott und den Menschen, eines Dramas, in dem es darum geht, wie Tod und Leben, Liebe und Tod um Gottes willen – und ihm sei Dank – zusammengehören. Es ist das Drama der Erlösung, in dem sich zeigte und entschied, wie die Liebe stärker ist als der Tod, wie in ihr Gott nach den Menschen greift und sie zum Leben führt. An irreführenden, menschen- und gottfeindlichen Dramatisierungen hat es im Blick auf Jesus, den gekreuzigten Messias, indes nicht gefehlt: in Theologie und Verkündigung, aber – Gott sei's geklagt – eben auch in einer Verhängnis- und Schuldgeschichte, in der die Christen ihr eigenes Unverständnis den Juden heimzahlten. Hier ist nicht der Ort, das im einzelnen nachzuzeichnen und zu kommentieren (vgl. dazu etwa mein Buch: Soteriologie, Düsseldorf 1990). Die für diesen Band geschriebenen und in ihn aufgenommenen Texte konzentrieren sich auf den Versuch, die „großen Worte" biblischen und vor allem christlichen Redens von Erlösung zusammenzuhalten mit dem, was der Erlösung bedarf, *immer noch* der Erlösung bedarf. Würde man die großen Worte der christlichen Soteriologie nur zur Beschreibung eines im wesentlichen abgeschlossenen Geschehens zitieren, so wären sie jedenfalls nicht mehr als „Schaufeln" zu gebrauchen, die unsere Welt- und Selbsterfahrung umgraben.

Manchen Lesern der hier vorgelegten theologischen Hinführungen zum Geschehen der Karwoche wie der das Thema „Erlösung" auslegenden Texte zur Glaubensbesinnung und Verkündigung werden bemängeln, daß die großen Worte der Soteriologie nicht mehr tief genug pflügen und dem oberflächlichen theologischen Zeitgeist zu sehr verpflichtet sind. Sie mögen in Betracht ziehen, daß nicht jeder theologische Tiefsinn schon umgräbt, was sich in vielen Lagen des Unverständnisses über theologisch liebgewordene Vorstellungen gelegt hat. Vielleicht braucht es ein wenig soteriologisch-spekulativer Askese, ein wenig Verzicht auf theologischen Tiefsinn, damit die Felder wieder bestellt werden können, auf denen die nahrhaften Früchte des Evangeliums wachsen können. Vielleicht bezeugen einige hier vorgelegte Texte, wenn auch nur im Kleinen, daß ein wenig soteriologische Askese nicht gleich zum Flachsinn geraten muß, sondern dazu verführen kann, der theologischen Abstraktion weithin zum Opfer gefallene biblische Überlieferungen neu zu lesen.

4. Biblische Besinnung: Die Botschaft des Weizenkorns

4.1 „Zur Erde mußt du zurück!" (Joh 12,24-25)

Memento mori

Vergiß nicht, daß Du sterben mußt, daß das Deine Zukunft ist: zu Staub zu werden, der Erde übergeben und zu Erde zu werden, von der Du genommen bist – wie es die Schöpfungsgeschichte im ersten Buch der Bibel erzählt.
Dieses *Memento mori* begehen wir im Zeichen des Aschenkreuzes. Es ist ein prophetisches Zeichen: es zeigt uns unsere Zukunft; ein prophetisch-aufdeckendes Zeichen: es konfrontiert uns mit unserer Lebens-Lüge.
Es steht gegen die anderen „prophetischen Zeichen", die uns täglich geradezu umdrängen und uns auf unsere Lebenschance stoßen wollen: Vergiß nicht, den Tipschein abzugeben, der Jackpot ist randvoll! Vergiß nicht, Dir diesen tollen Muntermacher zu holen, denn wer nicht gut drauf ist, der verpaßt so vieles!

Am Boden

Das Aschenkreuz als Auslöser für das Denken an den Tod: ein prophetisches Zeichen, das weh tut und schmerzlich hineingreift in unsere Tagträume. Anders als die Schlüsselreize, die darauf abgestimmt sind, Türen zu unserem Traumreich zu öffnen, zu den Illusionen, die sich so schön ausbeuten lassen. Zurück mußt Du zur Erde – und es wird kein erholsames Sich-Ausstrecken im warmen Sand der Côte d'Azur sein, vielmehr das endgültige Am-Boden-Sein, niedergeschlagen, zu Boden geschlagen womöglich von einem unbarmherzig aggressiven Schicksal, das irgendwann keine Rücksicht mehr nimmt auf meine Träume.
In den Religionen versucht man, diese schrecklich-enttäuschende Wahrheit „begehbar", anschaubar zu machen; aber auch im Sport – nicht umsonst wurde er für viele zum Religionsersatz: Der K.-o.-Schlag des Stärkeren streckt den Verlierer zu Boden; hoffentlich nicht für immer, aber auch das kommt vor. Dort

wird er „ausgezählt"; er ist kampfunfähig, hilflos. Der Sieger schlägt nicht weiter zu. Aus der Verhaltensforschung wissen wir: das Flachliegen ist zwar zunächst ein Nicht-aufstehen-Können; die Beine versagen ihren Dienst. Aber es ist auch eine Demutsgeste: Schlag nicht weiter zu, es ist genug! Der Kampf ist zu Ende. Heute bin ich der Unterlegene, morgen Du, irgendwann jeder einmal.
Ist das die Botschaft des prophetischen Zeichens, das wir einander heute zumuten: Irgendwann einmal muß jeder in den Staub; und dann wird er nicht mehr aufstehen, dann wird er nicht nur ausgezählt und eine Zeitlang von den Schlägen verschont werden? Ist das die Wahrheit des Bildes vom Staub, von der Erde, zu der wir zurückmüssen? Oder hat der Aschermittwoch noch eine andere Botschaft für uns? Etwa die Botschaft des Weizenkorns, das zur Erde, ja in die Erde fallen und sterben muß, damit es Frucht bringt?

Humus – humilitas – Demut

Mir fällt eine Wortverwandtschaft ein, die es im Deutschen nicht gibt, wohl aber im Lateinischen (und im Griechischen). Es ist die zwischen Erde – *humus* – und Demut – *humilitas*. Sich klein machen, zur Erde werfen, das ist ja die Demutsgeste schlechthin. Sich als „Fertiggemachten" darstellen, damit man nicht weiter fertiggemacht wird.
Jesus wird uns im Neuen Testament wiederholt als „demütig" dargestellt. Aber er war es offenbar nicht im Sinne dieser Unterwerfungs- und Demutsgeste. Das hat man in christlicher Verkündigung mitunter vergessen, wenn man Unterwerfung als den Sinn der Demut predigte – um die Menschen unterwerfungsbereit zu machen: bereit zur Unterwerfung unter die verschiedensten Herren, schließlich unterwerfungsbereit unter das Schicksal, das für uns alle irgendwann den Tod bereithält.
Das Zeichen, das uns mit Asche, mit Erde in Kontakt bringt – auf der Stirn, dem Symbol des aufrechten Gangs, der stolz aufgerichteten Gestalt, ist es ein Demutszeichen, und in welchem Sinne?

Verlieren und Gewinnen

Gedenke, daß Du – mit all dem, was Dir den selbstbewußten, aufrechten Gang ermöglicht, mit all Deinen Gaben und Erfolgen – zu Erde zerfallen wirst! Denke daran, wieviel Du verlieren, aus der Hand geben, loslassen mußt! Es ist nicht so, daß das alles nichts wert oder gar verachtenswert wäre. Der Prediger (das Buch Kohelet) des Alten Testaments weiß: Es gibt eine Zeit des Sammelns und eine des Verlierens, eine Zeit des Genießens und eine Zeit des Verzichts, eine Zeit des Aufrechtgehens und eine Zeit des am Boden – in der Erde – Liegens. Lebe in jeder Zeit, wie sie es Dir gibt, oder sterbe in sie hinein, wie sie es verlangt. Und gründe nicht – so würden wir es heute sagen – Deine „Identität" zu ausschließlich auf das, was Du gesammelt und aus Dir gemacht hast.

Es ist schon so: Der Totenrock hat keine Taschen. Du kannst nichts mitnehmen von dem, was Du Dir als „Habbares" erworben hast und worauf Du Dir etwas zugutehalten konntest. Es zerfällt. Das Sterben zwingt Dich brutal zur Demut, wenn Du die Demut nicht zuvor schon ein klein wenig gelernt hast. Nicht als Unterwerfungsbereitschaft in Demutsgesten, als Tribut an den Sieger. Vielmehr: Demut als die Bereitschaft, das Große und Herrliche und Glanzvolle, an dem ich meine Freude – wenn man es psychoanalytisch will: meine narzißtische Befriedigung – habe, in Frage stellen zu lassen, immer wieder einmal davon abzusehen – übungshalber, damit es mich nicht völlig unvorbereitet trifft, wenn ich davon absehen *muß*.

Demut läßt leben

Die Demut hat aber auch noch eine andere Seite – Gott sei Dank. Wer absehen kann von seiner geborgten Größe und Herrlichkeit, der macht andere nicht länger klein. Demut läßt aufblühen, sie läßt leben. So bringt sie viel Frucht. Nicht indem sie den Demütigen klein macht, sondern indem sie ihn davon befreit, auf Kosten der Kleingehaltenen groß und herrlich sein zu müssen. *So* gehört Demut zur Liebe: nicht als depressive Selbstverkleinerung und Unterwerfung. So verrät sie uns aber auch die Wahrheit des Weizenkorns: Wer die *humilitas* – die Erdhaftigkeit und Erdbestimmtheit – des Menschen nicht im

Größenwahn des allzeit aufrechten Gangs – des „Höher und Größer" – überkompensiert; wer *humilitas* einübt, der weiß, daß er damit einem Größeren dient: dem Leben, das immer mehr Liebe sein will. Der ahnt zumindest, daß das Leben auch in ihm Liebe werden will – und unterwegs ist, es zu werden, weil Gott es dazu werden läßt. *Humilitas* als Erfahrung dessen, was uns im Loslassen – aber auch nur darin – geschenkt wird. Ist es nicht so?

4.2 Aufstehenkönnen (Ez 37,1-14)

Auferstehungstexte

Es ist schon erstaunlich, daß uns die Lesungen heute – eine Woche vor Palmsonntag, dem Auftakt der tödlichen Ereignisse in Jerusalem – Auferstehungstexte anbieten: die bekannte Geschichte von Lazarus' Erweckung und die Vision des Ezechiel von der Wiedererweckung seines Volkes, die man nicht in der argen Verstümmelung des Lektionars, sondern im Originalumfang vortragen sollte. Die Kirche will sich offenbar noch einmal ihrer Auferstehungshoffnung vergewissern, ehe sie mit Jesus von Nazaret liturgisch den Weg in die Gottverlassenheit geht, in das Exil des Todes, aus dem eben nur Gott selbst – durch seinen Heiligen Geist, seine *ruach* – wieder herausführen kann.

Die Vision des Ezechiel

Nach zweieinhalb Jahrtausenden berührt einen immer noch, wie Ezechiel die Erfüllung dieser Hoffnung schaut. Die Bilder, in denen er sie ausdrückt, sind gewiß mitgeprägt von der ausweglosen Situation, in die er mit den nach Babylon deportierten Eliten Israels weit weg von der Heimat hineingeraten ist. Wir wissen heute einiges über die Situation, in der Ezechiel seine Vision vom Totenfeld verkündigt haben wird: Die deportierten Israeliten erhoffen sich von einem Aufstand in Jerusalem ihre Befreiung, die Rückkehr aus dem Exil nach Jerusalem. Aber der Aufstand ist schlecht vorbereitet und leichtfertig inszeniert. Es kommt, wie es kommen muß: Jerusalem wird dem Erdboden gleichgemacht, der Tempel in Brand gesetzt. Nichts bleibt mehr von der vertrauten Heimat, in der man leidlich miteinander und bei Jahwe wohnen konnte, der ja den Tempel zu seinem Haus gemacht hatte. Wo aber bleibt Jahwe, der machtvolle Gott Israels, der Herr aller Mächte, weit mächtiger als alle Machthaber und „Gottheiten" der Umgebung? Wird er nicht zum Gespött der „Heiden", die am geschlagenen Volk Israel die Ohnmacht seines Gottes ablesen konnten? So kommt zur lebensgeschichtlichen und kultisch-religiösen Entwurzelung, zur politischen Hoffnungslosigkeit noch der Zweifel an Jahwe hinzu: Warum hilft er seinem geschundenen Volk nicht? Will oder kann er ihm nicht beistehen? Ezechiel sah – wie vor und neben ihm Jeremia – in der politisch-militärischen Katastrophe den strafenden Gott am Werk: Jerusalem bekommt die Quittung dafür, daß es fremde Götter angebetet hat; der König wird gestraft, weil er sich – gegen den Rat der Propheten – leichtsinnig auf Bündnisdiplomatie und Machtpolitik eingelassen hat. Aber das ist nicht Ezechiels letztes Wort, nicht Jahwes letzte Absicht. Was Gott mit seinem zerschlagenen und verzweifelten Volk vorhat, das schaut der Prophet in seiner dramatischen Vision; in einem Bild ursprünglicher, von Jahwe selbst überwältigter Glaubenszuversicht, an der die Glaubenden aller Jahrhunderte ihrer eigenen Hoffnung auf den belebenden Gottesgeist inne wurden.

Das Grab des Exils

Ein Tal, übersät von vertrockneten und verdorrten Totengebeinen; auf der Talsohle – ganz unten – finden die aus ihrer Heimat Vertriebenen sich wieder, bewegungsunfähig, leblos, in das Totenreich eingesperrt. Das Bild mag zu groß und zu dramatisch sein für unsere größeren oder kleineren Depressionen, für unsere Heimatlosigkeit. Aber vielleicht bietet es uns gerade deshalb einen Raum, sie unermäßigt und unausgewogen wahrzunehmen, einzugestehen, was darin ist an Mutlosigkeit und Abgeschnittensein von der Lebenslust all derer, die hier offensichtlich „daheim" sind.
Exil: Weit weg von dem Ort, wo sich gut und „entspannt" leben ließ, von der „Heimat" (E. BLOCH). Wer einen Umzug in eine ihm fremde Umgebung hinter sich hat, der macht zumindest ei-

ne kleine Exilserfahrung. Sie ist vielleicht gerade noch der Rede wert: das kleine Exil des Süddeutschen in der so unübersehbar weiten Münsterländer Ebene. Sie ist schon sehr viel dramatischer, wenn Menschen von Not und Bürgerkrieg vertrieben wurden und hier noch keinen Raum haben, wo sie willkommen sind; keine Umgebung, in der sie sich versprechen dürften, daß doch noch alles gut wird und ihr Leben – ihre Lebendigkeit, ihre Lebenskräfte – zurückkehren.

Draußen sein

Das Totenfeld weitab der Metropole Babylon: Es ist ein drastisches Bild für *Draußensein*, Nicht-dazugehören-Dürfen. Kleine und große Erfahrungen des Draußenseins begleiten wohl jeden Lebensweg. Und sie schmecken deshalb so bitter, weil sie so viel an Erinnerung und Befürchtungen mobilisieren – weit hinausgreifend über die konkret-aktuelle Erfahrung, so belastend sie auch sein mag. Daß ich fremd bin in meiner Umgebung, nicht mehr da, wo der Blutkreislauf der alltäglichen Lebensgemeinschaft pulsiert, in eine Kälte hinausgestoßen, die mir nicht mehr das Versprechen macht, hier sei ein guter Ort zu leben – das ist offenkundig für jeden Menschen eine Urerfahrung und eine Urbefürchtung. Sie erinnert an ein Ausgestoßenwerden, das jede und jeder hinter sich hat: das Hinausgestoßenwerden, das ja gleichbedeutend ist mit dem Geborenwerden, dem Zur-Welt-Kommen. Und sie läßt befürchten, daß am Ende eines Lebens wieder das Hinausgestoßenwerden steht, das Hinausmüssen aus dem bergenden Zusammenleben, bei dem – wenn es gut ging – die Wärme gegenseitiger Zuwendung doch noch jede Heimatlosigkeit milderte.

Der Tod aller Versprechen?

Das erste Hinausgestoßenwerden war – hoffentlich – noch von einem Versprechen begleitet, das dieses Draußen zur *Verheißung* machte: Eltern und familiäre Umwelt machen – *leben* – dem Zur-Welt-Gekommenen das Versprechen, daß es gut ist, zur Welt zu kommen; daß da etwas wachsen, zu Kräften kommen kann, was seinen Wert und seine Bedeutung in sich trägt; daß das Heranwachsen ein Geschenk ist – für den Heranwachsenden selbst und auch für die mit ihm Lebenden. Dieses Versprechen wird auf harte Glaubwürdigkeitsproben gestellt. Und es mag so scheinen, als sei es nur gegeben, um gebrochen zu werden; als sei es gegeben, damit Menschen sich auf eine Welt einlassen, in der es fortwährend und immer entschiedener dementiert wird (SO P. SLOTERDIJK). Daß Menschen das Versprechen, das sie leben ließ – zum Lebenwollen verführte –, aus dem Blick und aus dem Ohr verlieren, wenn sie die Erfahrung machen, daß sie doch zu nichts *gut* sind, allenfalls noch als ausbeutbare Ressource in Betracht kommen; daß Menschen, die dieses Versprechen niemals glaubwürdig hörten, es in ihrem Leben kaum noch glauben können und kaum noch auf es hin wirklich leben *wollen* – das kann man sich leider Gottes nur allzu gut vorstellen. Daß das Leben fast unvermeidlich das sukzessive Absterben der Hoffnung auf Versprochenes ist – ihr Unglaubwürdigwerden, die Zerstörung des *Kinder-Glaubens* –, das ist die Befürchtung, mit der wir leben müssen.

Aufstehenkönnen?

Dafür ist das Bild von den fleisch- und sehnenlosen Totengebeinen auf dem Totenacker vor der Stadt doch nicht zu groß. Das Versprechen, *daheim* zu sein und bei Gott wohnen zu dürfen, nicht im Draußen verenden zu müssen, ist so bedroht – nicht nur vom politisch-gesellschaftlichen Exilsschicksal. Es ist vielfach bedroht von den unvermeidlichen Zumutungen des Lebenslaufs, die dann mitunter von den Wechselfällen im Politisch-Gesellschaftlichen ins Unerträgliche verschärft werden. Das Bild ist nicht zu groß: das Bild der ausgebleichten Gebeine – die Hoffnung, das Glaubenkönnen ist verdorrt; das Bild der zerstreuten Knochen – nichts fügt sich mehr zusammen; das Bild des Totenreichs – da ist keine Spannung, keine Erwartung mehr, nur noch das sehnsuchtslose, ausgebrannte Im-Jetzt-Sein. Ezechiel schaut, wie der Hauch des Geistes – die *ruach* Jahwes – Fleisch und Sehnen an den Gebeinen wachsen läßt, sie zusammenfügt, wie sie aufstehen und *leben* können, wie der Lebensmut zurückkehrt, der unwiederbringlich erloschen schien.
In diesem Bild mag noch der alte orientalische Glaube an Vegetationsgottheiten mitspielen. Gott läßt wachsen – hier ist es

der Windhauch der *ruach*, der die Wolken mit sich führt, damit das dürre Land Frucht bringe. Aber die *ruach* Jahwes ruft nicht einfach nur die Vegetation hervor. Sie läßt aus dem Tod, auf dem Totenfeld, das Leben wachsen. Sie macht Auferstehen.

Wie der Geist wachsen läßt

Wieder so ein großes Bild – diesmal im Positiven. Aber Ezechiel ist kein Phantast. Und das Hinhören auf ihn soll uns nicht zu Phantasten machen. Das große Bild will die Augen öffnen, will das Grabesgefängnis öffnen. Es ist der Versuch eines Zuspruchs: Sperrt euch doch nicht selbst ein in das Grab eurer Resignation! Macht die Augen auf für das, was wächst, weil die *ruach* Jahwes es wachsen läßt. Achtet nicht gering, was auch in und durch euch wachsen will, was euer Leben in Bewegung, eure Sehnsucht in Spannung bringen will.

Dieser Zuspruch hat natürlich etwas an sich von „moralischer Aufrüstung" – zumindest für unsere Ohren, stocknüchtern und skeptisch gegen mitreißenwollende große Worte, mit denen wir schon so oft betrogen wurden. Aber vielleicht läßt sich ja auch etwas weniger überschwenglich von dieser *ruach* reden, wenn man will: „realistischer".

Zum Realismus gehört doch auch dies: wahrzunehmen, wie schnell man sich im Grab der Resignation selbst zur Ruhe bettet, einsperren läßt von einer Perspektive, in der eben alles sich verbraucht, zu Ende geht, in der schließlich alle Versprechen nur dazu gegeben sind, gebrochen zu werden, so daß es – in der Linie dieser Enttäuschungsgeschichte – schließlich nichts mehr zu glauben gäbe.

Ezechiel und erst recht der christliche Osterglaube setzen eine andere Perspektive dagegen. Das Johannesevangelium kleidet sie – gut weisheitlich – in das Wort vom Weizenkorn, an dem – auf dem Totenfeld erstorbener Vegetation – tatsächlich zunächst nur Sterben beobachtbar ist. Es fällt ins Grab – und bringt doch viel Frucht. Die *ruach* hat es dazu erweckt. Darin gerade liegt ihre Kraft, ihr göttliches Vermögen, daß sie das Ersterbende und Gestorbene zur Fruchtbarkeit und Lebendigkeit aufweckt.

Ein Bild – wofür?

Das Bild hat zunächst einmal seine Wahrheit in sich: Weizenkörner sind Samenkörner neuen Lebens. Aber es will zu meiner Wahrheit werden. Es will Angebot sein, Herausforderung zu einer *Vision*: Kann man denn nicht sehen, was die *ruach* Jahwes wachsen läßt – in allem Zusammenbruch und Abbruch? Kann man nicht sehen – wenn man Augen hat, zu sehen –, was mit heranwächst in einem Wachstum, das nicht wieder dem Tod anheimfällt? Hört denn keiner das Versprechen, das Menschen füreinander sind, und das ihnen verspricht, daß das Leben stärker ist als der Tod, die Liebe stärker als das Grab?

Kinder-Glaube

Der *Kinder*-Glaube glaubt dem Versprechen vielleicht noch. Die Erwachsenen haben gelernt, daß sich alles verbraucht und daß man schließlich *draußen* ist – im ewigen Exil der Bedeutungslosigkeit. Von wem lernten sie es? Vom Leben selbst – oder doch nur von der Furcht, immer wieder nur enttäuscht zu werden; von ihrer Entschlossenheit zu einer Skepsis, die sich von Enttäuschungen nie mehr übertreffen lassen will? Kinder glauben, wenn es gut geht, an einen Überschuß im Versprochenen: daß es ihnen von den Enttäuschungen des Lebens nicht weggenommen werden wird. Das ist ein verwegener Glaube, der Glaube an das Versprechen, es sei gut, in die Welt zu kommen, weil man in ihr letztlich *ankommt*, zu Gott kommt – und eben nicht in der Fremde umkommt. Es ist ein Glaube gegen die skeptischen Augen, die nur das Zu-Ende-Gehende sehen wollen, kaum aber das Anfangende, das nicht aufhört anzufangen. Ein Glaube, der in und von der Vision des Ezechiel lebt, von der Vision Jesu, die unser Nicht-mehr-enttäuscht-werden-Wollen in ein (von Gott) Überrascht-werden-Wollen verwandeln will.
Wie gesagt: ein verwegener Glaube. Dafür, daß er zu Recht glaubt, was er glaubt, kann niemand einstehen und in Haftung genommen werden; niemand außer Gott selbst; der Gott, von dem es heißt, daß er die Versprechen wahr macht, nach denen Menschen sich ausstrecken, wenn sie sich mit der Liebe einlassen.

II. Das große Wort „Erlösung"

1. Traum oder Ende des Alptraums?

„Liebe den Herrn, deinen Gott, hör auf seine Stimme, und halte dich an ihm fest; denn er ist dein Leben" (Dtn 30,20). Er gewährt *Segen*: In der Gemeinschaft mit ihm entfaltet sich das Leben zu jener verheißungsvollen und beglückenden Wirklichkeit, die von den Glaubenden als wertvolles Geschenk angenommen werden kann – und nicht als Fluch hingenommen werden muß. Davon war schon die Rede. Für Israel war der Inbegriff dieses Segens das gute Land, in dem es mit Jahwe, der es segnete, zusammenwohnen durfte. Die Katastrophe des babylonischen Exils machte aber offenkundig, daß Israel mit Jahwes Geschenk Schindluder getrieben hatte – so sahen es die Propheten des Exils. Jahwe konnte mit seinem Segen nicht wohnen, wo man sich nicht wirklich an ihn hielt und Ungerechtigkeit Platz greifen ließ. Das Volk, das den Segen Jahwes verdorben hatte, war auf einen Neuanfang angewiesen, auf Erlösung, darauf, daß ihm die Teilhabe am Geschenk des Lebens mit und aus seinem Gott neu ermöglicht wurde.

Die Exilierten wußten, wovon sie sprachen, was sie vermißten, wenn sie von ihrem Gott Erlösung – Auslösung – erflehten, den „unverdienten" Neuanfang. Aber wem sagt dieses Wort 2500 Jahre später in West- und Mitteleuropa noch etwas? Vielleicht den Kindern, die in den Märchen Erlösung miterleben: die Lösung eines „Bannes", der die „Verzauberten" starr machte, in eine „falsche Existenz" hineinbannte – etwa in die eines Frosches. Wer von diesem Bann getroffen ist, der kann sich nicht mehr selbst helfen. Er ist in einer falschen Gestalt gefangen – in einem falschen Leben, in dem er verloren hat, was ihn „menschlich" leben ließ. Er muß darauf warten, daß ihn das schöne, „unschuldige" Mädchen erlöst. Märchenhaft!

In seinem Text „Die Verwandlung" (Sämtliche Erzählungen, hg. von Paul Raabe, Frankfurt a. M. 1970, 56-99) erzählt FRANZ KAFKA das „Gegen-Märchen" zu all diesen Erlösungsgeschichten: Der Handlungsreisende Gregor Samsa findet sich, als er „eines Morgens aus unruhigen Träumen erwachte, ... in seinem Bett zu einem ungeheuren Ungeziefer verwandelt". Aus der Perspektive des zum Scheusal verwandelten Gregor Samsa erzählt KAFKA, wie sich die gewohnte familiäre Umwelt nach und nach gegen das verwandelte Familienmitglied abschließt, darauf sinnt, es loszuwerden, wie sogar die Schwester – Idealbild des unschuldigen, die Erlösung herbeiführenden jungen Mädchens –, die ihn zunächst noch umsorgt, den für die alten Eltern unhaltbar gewordenen Zustand schließlich zu Ende bringen will. So ist es für alle geradezu eine „Erlösung", als das Riesenungeziefer an den Verletzungen verendet, die ihm der Vater im Zorn darüber zugefügt hatte, daß Gregor sein Zimmer verlassen wollte, um wieder einmal mit den „Seinen" zusammenzusein und sich ihnen mitteilen zu können.

Von Erlösung ist in dieser Erzählung mehrfach die Rede – direkt oder in Andeutungen: Gregor Samsa reibt sich in dem ungeliebten Beruf des Handlungsreisenden auf, um seinem Chef die ungeheure Schuld abbezahlen zu können, die der Konkurs des väterlichen Geschäfts hinterlassen hatte. Als Gregor das erste Mal – am Tag seiner Verwandlung – aus seinem Zimmer „ausbricht", um sich zu rechtfertigen, da treibt ihn der Vater mit einem Stock in sein Zimmer zurück, bis er sich in der halb geöffneten Tür einklemmt – „da gab ihm der Vater von hinten einen jetzt wahrhaft erlösenden starken Stoß, und er flog, heftig blutend, weit in sein Zimmer hinein. Die Tür wurde noch mit dem Stock zugeschlagen, dann war es endlich still." Und es ist die Schwester, die sich – zu einem schönen und üppigen Mädchen aufgeblüht – am Ende der Fahrt, zu der sie nach dem Ende des Alptraums mit den Eltern aufgebrochen war, als erste „erhob und ihren jungen Körper dehnte."

So kommt Erlösung vielleicht gerade noch vor: als das erlöste Aufatmen nach dem Ende des Alptraums, wenn sich die ungeheure Last, die es bedeutete, mit einem solchen „Fremd-Körper" zusammenleben zu müssen, im Tod „erledigt". Ein Ende, das von allen herbeigesehnt wird, ein Verenden, das den Bann hinwegnimmt, ein erlösender Tod, in dem sich die Katastrophe zugleich zu Ende bringt und „gegenstandslos" macht – die bessere Alternative zum Schrecken ohne Ende. So kommt Erlösung noch vor: Das, wovon man nur noch hoffen kann, daß es zu Ende geht, ist endlich vorbei, die Katastrophe hat sich erschöpft.

So kann ein Tod erlösend sein: eine Erlösung für den Gestorbenen; die wird in Todesanzeigen oft genug beschworen. Eine Erlösung manchmal auch für die „Hinterbliebenen"; aber davon redet man nicht so gerne. Kann Erlösung nur noch so erhofft, ersehnt werden? Ist alles andere, ist die „märchenhafte" Erlösung, die Erlösung mit dem Zauberstab, zur Illusion geworden, da vielleicht allein noch der zuschlagende Stock – diese Travestie auf den Zauberstab – den „jetzt wahrhaft erlösenden starken Stoß" versetzen kann?

Erlösung ist, wenn sie mir zuteil wird, ein Ereignis, das mir widerfährt; ich kann sie mir nicht verfügbar machen. Wo ich es versuche, da erfahre ich nur umso ausweglöser, daß nicht in meiner Macht steht, was mich erlösen könnte; oder auch, daß es vermessen wäre, die Tat zu setzen, von der ich mir Erlösung – den guten, neuen Anfang – verspreche. Gregor Samsas Vater konnte von seiner Tochter gerade noch davor zurückgehalten werden, den zum Ungeziefer gewordenen Sohn zu erschlagen. Hätte er die „erlösende Tat" auf sein Gewissen genommen, so wäre sie nicht mehr erlösend gewesen; der Versuch, dem Unheil ein Ende zu setzen, hätte alle Beteiligten noch tiefer in es hineingezogen. Nur das erlösende Widerfahrnis kann dem Unheil ein Ende machen. Menschen können nichts wirklich zu Ende bringen; sie können nur „Schluß machen" – mit der unvermeidlichen Konsequenz, daß das Unheil ohne Ende weiterwuchert.

Aber kann das Unheil wirklich nur so sein Ende finden, daß die Katastrophe sich „totläuft", daß Schmerz und Trauer sich erschöpfen und die Zurückbleibenden wieder die Kraft finden, sich anderem zuzuwenden? Wie sollte es sonst noch sein Ende finden können? Die „märchenhafte" Erlösung, die Abwendung des Unglücks, die Lösung des Bannes mit dem Zauberstab oder durch den Kuß der erlösenden Prinzessin, des wagemutigen Prinzen – damit kann man in der über sich selbst aufgeklärten Postmoderne, zu deren Programm durchaus auch Märchenseminare gehören, wenig anfangen. Wenn sich etwas zum Besseren ändert, dann eben nur, weil man die belastende Vergangenheit durchgearbeitet und sich so geradezu das Anrecht darauf erworben hat, sich als „integrierte Persönlichkeit" nach dem Glück ausstrecken zu dürfen. Erlösung positiver gewendet als in der Geschichte von Gregor Samsa, das wäre doch Illusion, so

als könnten sich die Unheilszusammenhänge unseres Lebens, unserer Welt, anders verändern als durch die harte Arbeit an den Verhältnissen. Erlösung: ist das nicht die Ausrede der Drückeberger, die das Entscheidende, das Notwendige, weil Not Wendende, nicht sich selbst, sondern eben nur Gott zutrauen – und sich deshalb die letzte Konsequenz ihres Einsatzes ersparen, sich selbst für unzuständig erklären können?
Erlösungs-Glaube als Ausflucht, als Entschuldigung dafür, daß man den schlimmen Dingen ihren Lauf läßt, vielleicht auch nur deshalb, weil man darauf hofft, daß sie sich totlaufen? Erlösungs-Glaube als das gute Gewissen der Resignation, als das gute Gewissen derer, die es aufgegeben haben, dem Unheil in „dieser" Welt noch allzuviel Bedeutung beizumessen? Wer auf Erlösung wartet oder dies auch nur vorgibt, der ist als Bundesgenosse im Kampf um die Änderung unheiler Verhältnisse verloren. Hat diese Entlarvungsperspektive der Religions- und Christentumskritik im 19. und 20. Jahrhundert nicht viel für sich? Sie hat jedenfalls bedrängende Aktualität in einer Weltsituation, in der die Zeit knapp wird, das Rettende, die ökologische Katastrophe vielleicht im letzten Augenblick noch abwendende, politisch durchzusetzen. Wer da noch mit Erlösung rechnet oder argumentiert, überhaupt noch von ihr redet, hat der den Kampf nicht schon aufgegeben – in der illusionären Hoffnung auf ein „Danach", das ihm nun allein noch etwas gilt, da das „Vorher" rettungslos verspielt ist?
Die Aufkündigung der Leidens- und Kampfgenossenschaft: weniger ist es nicht, was man den an Erlösung glaubenden Christen übelnimmt. Und dieses Übelnehmen kann sich weiß Gott auf üble Erfahrungen berufen. Ist es nicht schon Paulus gewesen, der hier Klartext geredet hat? „Ich rechne, daß die Leiden der jetzigen Zeit nichts wert (zu vernachlässigen) sind im Vergleich zur Herrlichkeit, die an uns enthüllt werden soll" (Röm 8,18). Da steht es ja Wort für Wort: Worauf man sich auszurichten hat, das ist die „Herrlichkeit" der Kinder Gottes, die in der vollendeten Gottesherrschaft offenbar werden soll – wenn die jetzt noch der Nichtigkeit unterworfene Schöpfung nicht mehr unter den Leiden dieser Zeit stöhnen muß, wenn die Kinder Gottes in ihr Erbe eingesetzt sein werden (vgl. 14-17. 19-23).
Müssen es nicht „Kinder" sein, die sich so über die Leiden die-

ser Welt hinwegträumen, hineinträumen in ein Königreich, dessen Herrscher ihr „Vater" ist – und dabei in seliger Entrücktheit die Augen aufzuschlagen vergessen, deshalb auch keine Augen haben für all das, was hier und jetzt geschieht, für das, was ohne Verzug in Angriff zu nehmen wäre? FRIEDRICH NIETZSCHE reißt dieser Kinder-Frömmigkeit der Resignierten die Maske herunter. Er läßt seinen Zarathustra mit ihr abrechnen:

„Wie doch einem Jeden von euch das Herz zappelte vor Lust und Bosheit, darob, dass ihr endlich wieder einmal wurdet wie die Kindlein, nämlich fromm, – dass ihr endlich wieder thatet wie Kinder thun, nämlich betetet, händefaltetet und 'lieber' Gott sagtet! ...
Freilich: so ihr nicht werdet wie die Kindlein, so kommt ihr nicht in *das* Himmelreich ... Aber wir wollen auch gar nicht in's Himmelreich: Männer sind wir worden, – *so wollen wir das Erdenreich*" (Also sprach Zarathustra IV, Das Eselsfest 2., KSA 4, 393).

Das Sprechen von „Himmelreich" und „Erlösung" hat spätestens seit NIETZSCHE seine Unschuld verloren. Es steht unter einem ungeheuren Rechtfertigungs- und Erklärungsdruck. Allzu nahe liegt der Hinweis auf eine Frömmigkeitspraxis, die sich desinteressiert zeigte, wo es um bloß „Vorletztes" ging – und damit den Despoten und Ausbeutern das Feld überließ; die sich aber bis zu körperlicher und geistig-geistlicher Erschöpfung engagierte, wo das „jenseitige" Heil zu erwirken war oder auf dem Spiel stand; die sich schließlich allein noch innerhalb der Kirchenmauern meinte verwirklichen zu können – wo man wenigstens einen Vorschein der ewigen Seligkeit erleben und feiern durfte.

2. Welt-fremder Erlösungsglaube?

Unter Rechtfertigungs- und Erklärungsdruck stand christlicher Glaube freilich von Anfang an. Wie konnte man von Erlösung sprechen im Zusammenhang mit der Hinrichtung eines charismatischen Wanderpredigers als Gotteslästerer? Wie konnte man auf den Gedanken kommen, sein Kreuz – den offenkundigen Beweis seines Scheiterns – als Ur-Wirklichkeit der Erlösung zu verkünden? Wie kann denn *der* „Erlöser" – „Messias" – genannt werden, der so offensichtlich unerlöster Selbst-

behauptung, vielleicht auch unerlöster, religiös motivierter Rivalität zum Opfer fällt? Und wie kann man ihm in irgendeinem Sinne Erlösung zuschreiben, da seine Sendung und sein gewaltsamer Tod doch ebenso offensichtlich nicht das Ende der Unerlöstheit – das Ende der Gefangenschaft in einem falschen Leben – bedeuteten?
Gerade wenn man Jesu Verkündigung der nahe herbeigekommenen, ja der zum Greifen nahen endzeitlichen Gottesherrschaft ernst nimmt, wird man sich fragen müssen – so wie man sich schon im ersten Jahrhundert gefragt hat –, was denn nun wirklich mit Jesu Auftreten und der Erfüllung seines Prophetenschicksals in Jerusalem Erlösendes geschehen sein soll. Muß man denn nicht allenfalls von einer gefährlich „halbierten" Erlösung sprechen, solange eben nicht eingetroffen ist, was Jesus Christus ja selbst verheißen hat? Und muß man dem Christentum nicht den Vorwurf machen, es habe sich mit dieser „halbierten" Erlösung auf Dauer eingerichtet und habe die Hoffnung auf *schalom* – auf eine wirkliche Heilung der ungerecht-friedlosen Verhältnisse – eher skeptisch bis abwiegelnd aufgenommen, wenn nicht gar sabotiert? Noch GERSHOM SCHOLEM hält dem Christentum die Verkürzung der jüdischen Sehnsucht nach *schalom* vor; rechnet ihm vor, daß es vergessen oder drangegeben habe, wonach die Kinder Israels im Exil schrien, als sie ihren Gott um „Erlösung" anriefen.
Die Erlösungshoffnung Israels habe – gerade in ihren späteren messianischen Ausprägungen – „stets an einem Begriff von Erlösung festgehalten, der sie als einen Vorgang auffaßte, welcher sich in der Öffentlichkeit vollzieht, auf dem Schauplatz der Geschichte und im Medium der Gemeinschaft, kurz, der sich entscheidend in der Welt des Sichtbaren vollzieht und ohne solche Erscheinung im Sichtbaren nicht gedacht werden kann." Dem stehe – so SCHOLEM – im Christentum eine Auffassung gegenüber, „welche die Erlösung als einen Vorgang im 'geistlichen' Bereich und im Unsichtbaren ergreift, der sich in der Seele, in der Welt jedes einzelnen, abspielt, und der eine geheime Verwandlung bewirkt, der nichts Äußeres in der Welt entsprechen muß." Kirche wird hier zur Gemeinschaft „der auf unbegreifliche Weise Erlösten innerhalb einer unerlösten Welt." Und die kirchliche Theologie ist „davon überzeugt, mit dieser Auffassung der Erlösung einen äußerlichen, ja ans Ma-

terielle gebundenen Begriff überwunden und ihm einen neuen Begriff von höherer Dignität gegenübergestellt zu haben." Das Judentum sah in dieser Umdeutung der prophetischen Verheißungen der Bibel stets

„eine illegitime Vorwegnahme von etwas, das im besten Falle als die Innenseite eines sich entscheidend im Äußeren vollziehenden Vorgangs in Erscheinung treten konnte, nie aber ohne diesen Vorgang selbst. Was dem Christen als tiefere Auffassung eines Äußerlichen erschien, das erschien dem Juden als dessen Liquidation und als eine Flucht, die sich der Bewährung des messianischen Anspruchs innerhalb seiner realsten Kategorien unter Bemühung einer nicht existierenden reinen Innerlichkeit zu entziehen suchte." (Zum Verständnis der messianischen Idee im Judentum, in: Über einige Grundbegriffe des Judentums, Frankfurt a. M. 1970, 121-167, hier: 121f.).

Jesus Christus, der Jude, hat die nahegekommene *Gottesherrschaft* verkündigt; gekommen aber ist die Kirche mit ihrer Botschaft und ihrer sakramentalen Praxis der *Sündenvergebung* – so könnte man eine berühmt gewordene Sentenz des französischen Theologen und Religionswissenschaftlers ALFRED LOISY (1857-1940) variieren. Zumindest im Glaubensbewußtsein der westlichen Christenheit hat sich offenkundig die Auffassung durchgesetzt, die in Jesus Christus geschehene Erlösung sei zu verstehen als die aufgrund *seines* Leidens vom göttlichen Vater gnadenhalber gewährte Vergebung der Sünden: Der Vater vergibt, statt zu strafen, weil die gerechte Strafe den trifft, der stellvertretend die Sünde des Menschengeschlechts auf sich nimmt. Wer an der von Jesus Christus erwirkten Vergebung der Sünden Anteil gewinnt, weil er an sie glaubt und ihrer in der sakramentalen Praxis der Kirche teilhaftig wird, der erwirbt sich – so jedenfalls die in Verkündigung und Katechese verbreitete „normal-christliche" Vorstellung – die Anwartschaft auf jenseitige Vollendung. Die Teilhabe an der in Jesu Leiden bereits erwirkten Sündenvergebung läßt die Glaubenden im letzten Gericht bestehen; sie werden in den allgemeinen Untergang nicht mit hineingerissen, weil das Verdienst Jesu Christi ihnen den Himmel rettet.

Erlösung wird hier zu einem Ereignis in der Beziehung zwischen Gott und sündiger Menschheit bzw. zwischen dem göttlichen Vater, seinem Sohn und den einzelnen Gläubigen: Der Glaubende erlangt Gnade um Jesu Christi willen; und mit der Gnade erlangt er die Aussicht auf jenseitige Vollendung. Erlösung ist ein für allemal geschehen in Christi stellvertretendem Strafleiden; sie wird dem Glaubenden zuteil im gläubigen Vertrauen auf bzw. in der sakramentalen Aneignung der bereits geschehenen Erlösung (Sündenvergebung). Sie wird ihm zuteil in einer unerlösten Welt, deren Leiden in keinem Verhältnis stehen zu der Herrlichkeit, auf die er sich wegen des stellvertretenden Strafleidens Jesu Christi Hoffnung machen darf.

Vieles ist zweifelhaft oder schlicht unverständlich geworden an diesem „normal-christlichen" Verständnis von Erlösung. Und der wütende Protest des hellsichtigen Christentumsverfluchers FRIEDRICH NIETZSCHE wie auch die kritische Analyse eines auf Innerlichkeit halbierten Erlösungsverständnisses bei dem Juden GERSHOM SCHOLEM decken auf, was da zweifelhaft geworden ist: Darf Erlösung – wenn überhaupt noch sinnvoll von ihr die Rede sein kann – beschränkt sein auf das Drama einer stellvertretenden Sühneleistung durch den Sohn, auf den Entschluß des Vaters, um dieser Stellvertretung willen die Glaubenden vor dem verdienten Schicksal ihrer ewigen Verdammnis zu bewahren? Was wäre das für ein Gott, der sich nur von dem Opfertod seines Sohnes davor zurückhalten läßt, das Menschengeschlecht wegen seiner Sünde der ewigen Verdammnis anheimzugeben? Und was ist das für eine „Sünde", die solche Vergeltung verdiente? Weshalb sollte man noch länger von der Tilgung eines metaphysischen Schuldkontos reden, wenn sich die verheerenden Konsequenzen eines falschen Lebens, gegen das die christliche Erlösungsbotschaft offenbar wenig ausrichten konnte, bedrohlich und kaum noch abwendbar auftürmen? Oder sollte das Drama des falschen Lebens, der Ausbeutung und der Entfremdung in der Geschichte der Menschheit gar nicht unmittelbar auf Erlösung bezogen sein – mit ihr zu tun haben –, so daß man guten Gewissens von Erlösung inmitten einer heillosen, von Unrecht und Unglück beherrschten Geschichte sprechen könnte? Aber was wäre das für eine Erlösungsbotschaft, die ungerührt behauptet, das Entscheidende sei bereits geschehen, während die Katastrophe noch unterwegs ist und sich Jahr um Jahr deutlicher abzeichnet?

Wieviel „Welt-Fremdheit" kann sich das Christentum mit seinem Erlösungsglauben eigentlich leisten, ohne von der Tagesordnung einer vermutlich an sich selbst zugrundegehenden Welt-Gesellschaft zu verschwinden – verdrängt vom wirklich

Vordringlichen oder dem zur Ablenkung vom drohend Bevorstehenden auf die Tagesordnung Gesetzten? Das Fremdwort „Erlösung" steht heute für die Welt-Fremdheit des Christlichen. In seinen Anfängen stand dieses Wort – gut jüdisch – für Realismus, für die Weigerung, sich in einen Enthusiasmus hineinzuträumen, der *diese* Welt aus dem Blick verliert, für die Entschlossenheit, statt auf die bloße Fortsetzung dessen, was ist und „läuft", auf den radikalen Umsturz der Verhältnisse zu setzen. Ist das Christentum *wegen* dieser Radikalität seiner Hoffnung welt-fremd geworden? Oder ist es welt-fremd geworden, weil es an ihr nicht festhalten, weil es seine Hoffnung auf Erlösung nicht mehr zusammenbringen und zusammenhalten konnte mit einer „gnadenlosen" Welt-Wirklichkeit? Ist die Sehnsucht nach Erlösung im Christentum so „groß", so „unrealistisch" geworden, daß sie in der Geschichte keinen Platz mehr hat und deshalb aus ihr desertieren muß in ein Jenseits, in dem es dann den unvergleichlichen Neuanfang – das neue, ewige Leben – geben wird?

Schon in der jüdischen Apokalyptik läßt sich diese Emigration der Erlösungssehnsucht aus *dieser* Welt beobachten. Sie drängt unter dem Einfluß der Gnosis geradezu auf einen metaphysischen Dualismus hin, für den diese Welt gar nicht mehr wirklich gesegneter Lebensraum – „Heimat" – sein kann, sondern gerade noch ein Gefängnis oder – so sagte es ein postmoderner Gnostiker – ein Warte- und Aufenthaltsort, an dem man das auf den Tod zueilende Leben wie in einem „Klinikaufenthalt" über die Runden zu bringen hat (vgl. P. SLOTERDIJK, Weltfremdheit, Frankfurt a. M. 1993, 12f.). Die Welt-Fremdheit des Gnostikers will sich nicht täuschen lassen über eine menschenverachtende, rettungslos heillose Welt. Sie ist die große Weigerung, mit dem metaphysischen Skandal einverstanden zu sein, in einem gegen den Menschen und seine unbescheidene Sehnsucht gleichgültigen Welt-All leben zu müssen.

Ist christlicher Erlösungsglaube in diesem Sinne gnostisch-dualistisch, Fluchtreaktion derer, die vor der Menschenfeindlichkeit der Welt kapituliert haben und es in ihrer Welt-Fremdheit nur mit der Illusion einer himmlischen Heimat aushalten können? Oder hat sich dieser Dualismus wie eine parasitäre Ideologie in den jüdisch-christlichen Messianismus eingeschlichen und ihn mit Welt-Fremdheit, ja Weltverachtung infiziert? Eine

Antwort auf diese Fragen muß im Blick auf Jesus selbst, auf seine Sendung und seine Verkündigung, gesucht werden.

3. Der zur Welt gekommene Menschen- und Gottessohn

Die Welt-Fremdheit des Christlichen hat – so scheint es – wesentlich damit zu tun, daß der Glaube *Gott* ins Spiel bringt und sich damit auf eine Perspektive zurückzieht, in der die Leiden dieser Welt religiös entdramatisiert werden: Was bedeutet das alles in der Perspektive der „Ewigkeit"! Die Retourkutsche ist schon längst abgefahren. Und viele – auch aus den Kirchen – springen schnell noch auf; es ist ihnen nicht zu verdenken: Was bringt es, sich mit einem „welt-fremden" Gott einzulassen, wenn in *dieser* Welt die Katastrophe bevorsteht?
Der Gott des Alten Testaments war verwickelt in die Siege und die Katastrophen seines Volkes; er war von ihnen in Mitleidenschaft gezogen. Und so mußte er sich auch fragen lassen, warum er die Katastrophe nicht aufhält, warum er sein erwähltes Volk Israel nicht rettet. Das Christentum hat – so scheint es – aus dieser Not allzu schnell eine Tugend gemacht: Die Katastrophen auf dieser Welt sind Sache der Menschen; von ihnen verschuldet oder von ihnen zu ertragen. Und im geduldigen Ertragen darf ihnen aufgehen, zu welcher Hoffnung sie – jenseits dieser Welt – berufen sind. Christen „sind nur Gast auf Erden und wandern ohne Ruh, mit mancherlei Beschwerden der ewigen Heimat zu" (Gotteslob 656). Sind sie deshalb – als Glaubende – nicht auch mit ihrem „Herzen" schon dort, wo ihre Heimat – ihr „Schatz" (Mt 6,21) – ist?
Wer den Blick auf Jesus von Nazaret richtet, auf den, der zu Recht so heißt, weil er „sein Volk von seinen Sünden erlösen" wird (Mt 1,21); wer in ihm mit der christlichen Überlieferung den „Immanuel" sieht, den „Gott mit uns" (Mt 1,23), der wird *diese* Weltfremdheit des Gottesglaubens für ein Mißverständnis halten müssen. Das christliche Verständnis des Weges Jesu hat ja bis an die Grenze zur Paradoxie gerade diese Spur verfolgt: Jesus von Nazaret ist Gottes Gegenwärtigwerden, Gottes „Wohnungnehmen" mitten in der Welt, mitten in ihren Konflikten und Abgründen; Jesus von Nazaret ist das Sichtbarwerden

Gottes – und sein Verdrängtwerden –, das Dazwischenkommen Gottes – und sein Nicht-verdrängt-werden-Können.
Es ist ein großes Wagnis, Gott und Jesus von Nazaret – den Menschensohn – so eng zusammenzuhalten, zusammenzudenken. Darf man das wirklich glauben, daß in diesem Menschen Gott begegnete, daß, wer ihn gesehen hat, den Vater gesehen hat (Joh 14,9)? Hat man auch in den Abgründen dieses Lebens – am Kreuz – den Vater gesehen? Hat der Menschensohn ihn mit hineingenommen in seinen Tod? Was wäre das für ein Gott, der *so* sichtbar wird, sich in all das mitnehmen läßt? Oder ist die christliche Grundüberzeugung von der Menschwerdung Gottes – des Gottesworts – nur eine mythische Verschlüsselung dafür, daß der Mensch, wenn er wirklich – wie etwa der Menschensohn Jesus – Mensch wird, göttlich ist und Gott gleichsam in sich aufgenommen hat, eines Gottes „außerhalb seiner" nicht mehr bedarf?
Der Gott, der zur Welt kommt – das könnte die Chiffre dafür sein, daß es *den* Gott eben nicht (mehr?) gibt, der sich noch vom endlich-welthaften Menschen unterscheidet: In ihn ist er eingegangen; in ihm ist er untergegangen. Der Menschensohn – jeder Menschensohn, jede Menschentochter – ist göttlich, unendlich bedeutsam in seiner/ihrer Endlichkeit. Die Christen haben es nie so verstanden. Sie haben versucht, einen Gott zu denken und zu glauben, der sich mitnehmen läßt in diese Welt, in ihr „wohnt", in ihr sich antreffen läßt; einen Gott, der es aushält, in diese Welt hineingezogen zu werden, und eben doch nicht in ihr aufgeht oder in sie „hineinstirbt" – einen „heruntergekommenen", „mitgenommenen" Gott, der gleichwohl Gott *bleibt*. Das Risiko, das in diesem Glaubens-Versuch liegt, ist vielleicht nur tragbar, wenn es sich immer wieder neu des Rückhalts in den Glaubensüberlieferungen des Neuen, aber auch des Alten Testaments vergewissert. Der Menschensohn, der Jude Jesus wagte, es in seinem Leben auf das Gegenwärtigwerden Gottes ankommen zu lassen. Es ist das Wagnis des erwählten Volkes, auf Gottes rettendes Gegenwärtigwerden zu setzen. Der Glaube Israels und der Christen sieht dieses Wagnis gerechtfertigt von dem Gott, der sich von seinem Volk in Anspruch nehmen läßt, wenn er auch nicht einfach den Ansprüchen genügt, mit denen es nach ihm greift. Der Menschensohn Jesus ist für die Christen aber nicht nur Vor-Bild des Wagnis-

ses, auf Gottes rettendes Gegenwärtigwerden zu setzen, sondern auch – und in einem damit – Offenbarwerden des Wagnisses Gottes selbst, sich in die Hand der Menschen zu geben, sich in ihr Leben und in ihre Konflikte hineinziehen zu lassen. Hält Gott das aus? „Überlebt" er es? Werden die Menschen mit ihm nicht schließlich machen, was sie wollen oder – in die Not ihres Gotteskomplexes verstrickt – „müssen"?

4. Biblische Besinnung: Gottes Schwäche für den Menschen (Phil 2,6-11)

Der „heruntergekommene" Gott

Der Hymnus des Philipperbriefs besingt, was sich nicht mehr begreifen läßt: die Menschwerdung des „Kyrios" (V.11) – so nannten die ersten Christen den nach seinem Tod am Kreuz zum Vater Erhöhten. Jetzt ist er *wieder* beim Vater. Heißt das nicht, daß er auch *zuvor* beim Vater war? Das sind für uns einigermaßen geläufige, wenn auch kaum noch bedachte Glaubens-Inhalte. Für die ersten Christen war das noch eine aufregende Einsicht: Der Jesus von Nazaret, den ja in der Gemeinde gewiß noch einige als Weggefährten kannten, ist dahin zurückgekehrt, woher er „in die Welt" gekommen ist. Sein Lebens-Weg ist in einem größeren Zusammenhang zu sehen: Er ist gleichsam „sichtbares Teilstück" des Weges Gottes zu den Menschen und entscheidende „Etappe" des Weges der Menschen zu Gott.
Aber wer ist dieser „Kyrios", von dem das alles gesagt werden darf? Der Philipperbrief spricht von ihm nicht in theologisch-begrifflicher Prosa. Er besingt ihn; er findet die richtigen Worte über ihn nur, indem er *poetisch* wird. Aber auch – und vielleicht gerade – diese Poesie gab und gibt zu denken. Der gottgleiche Kyrios blieb nicht – unberührt von der Welt – in göttlicher „Jenseitigkeit" und Vollkommenheit. Er „steigt herab", wird den Menschen ein Mitmensch.

Ein geschwisterlicher Gott

Dieses poetische Bild hat wenig gemeinsam mit der Menschwerdung der olympischen Götter, die es – wo es doch in der

Welt der Menschen so viel Aufregendes zu erleben gibt – nicht länger aushielten, immer nur unter Göttern zu sein. Der Hymnus des Philipperbriefs knüpft vielmehr an die Erfahrung jenes solidarischen Bundesgottes an, der sich das Schicksal seines erwählten Volkes Israel zu Herzen gehen läßt. Und er verdichtet diese Erfahrung; er „extrapoliert" sie gleichsam bis zu jenem Punkt, wo das Ordnungsschema „Oben-Unten" für das Verhältnis Gottes zu den Menschen seine Gültigkeit verliert. Gott läßt sich hineinziehen in das Leid der vom Todesgesetz Unterjochten (Gal 4,4ff.); er „sendet" seinen Sohn, ihr Los zu teilen. Und der Sohn – der Kyrios – nimmt ihn mit in die Abgründe des Menschlichen, damit sie nicht mehr gottlos, gottfern seien. Gott ist eben nicht mehr unberührbar und unerreichbar „oben" – und denen näher, die in der Welt „oben" sind. Er ist da, wo sein Sohn hingerät, hingezerrt wird; da, wo die Lasten getragen werden müssen, die jeder auf die anderen abladen möchte. Er ist ein geschwisterlicher Gott, der am Leben und Leiden der Menschen nicht nur Anteil nimmt, sondern es teilt.

Hilflose Glaubens-Poesie?

Ist das nicht doch nur theologisch-poetische Rhetorik, vielleicht ganz schön anzuhören, aber ansonsten bloße Verzierung einer durch und durch „prosaischen", jeder Poesie Hohn sprechenden Realität? Glaubens-Bilder mögen so wehrlos sein wie die Poesie überhaupt; wehrlos gegen den gnadenlosen Realismus, der nur glaubt, was er „sieht", und nur noch auf das hofft, was man sich irgendwann einmal wird leisten können; wehrlos natürlich auch gegen die Übermacht dessen, was „der Fall ist" und derer, die darüber mitbestimmen können, was in diesem Sinne „real" ist.
Aber die Vision vom „heruntergekommenen Gott" ist deshalb noch lange nicht bedeutungslos oder folgenlos. Wer sich auf sie einläßt, für den geraten ja die traditionellen religiösen oder pseudo-religiösen Oben-Unten-Ordnungen aus den Fugen; für den wird fraglich, was jetzt noch Stärke heißt und was Schwäche, Macht und Ohnmacht.

Jesus von Nazaret: die Sichtbarkeit Gottes

Generell ist es ja so, daß Gott oder das für göttlich Gehaltene oder das faktisch die Gottesposition Einnehmende jene „absolute" Wirklichkeit ist, die unsere Lebenswelt entscheidend – in „letzter Instanz" – bestimmt. Und da ist es eben nicht folgenlos, wer „Gott" für uns ist, wer die Gottesposition – traditionellerweise: die *Oben*-Position – einnimmt. Göttlich kann vieles sein. Und in jedem Fall entscheidet das, was ich meinen „Gott" sein lasse, über die Richtung, in der ich hinaushoffe und hinaussehe über das, was jeder sehen kann; es entscheidet darüber, was aus meiner, aus unserer Welt wird: die Arena eines Konkurrenzkampfs „jeder gegen jeden", das zynische Schauspiel eines Lebens, in dem es nur vorübergehend Sieger, schließlich doch nur Opfer gibt; ein Selbstbedienungsladen voller Erlebnischancen und verpaßter Gelegenheiten oder aber der Wohnort des „heruntergekommenen Gottes" inmitten derer, die *ihm* die Erlösung zutrauen.

Es gehört Mut dazu, diesem Gott das Entscheidende zuzutrauen – und die Loyalität zu den offenkundig erfolgreicheren Inhabern der „Gottes-Position" zu lockern. Christen versuchen, diesen Mut zu finden, indem sie sich an Jesus von Nazaret halten, der ihn lebte und weitergab; an dem man sehen konnte, was geschieht, wenn *dieser* Gott seine Herrschaft mitten in dieser Welt aufrichtet, wenn er mitten unter uns Wohnung nimmt.

Gottes Schwäche und unsere Stärke

Was da geschieht, das kann einem freilich auch Angst machen. Es gerät so vieles durcheinander, was man doch gerne geordnet hätte; es wird so vieles fraglich, was man gerne geklärt hätte. Und es gerät nicht zuletzt bei Gott vieles durcheinander, dort, wo man es am allerwenigsten ertragen kann. Die Folgen sind entsprechend. Das Kreuz Jesu ist ja weniger Ausgeburt eines bösen Willens als vielmehr der herbeigezwungene Schlußpunkt hinter so viel Glaubens-Durcheinander.

Es war kein Schlußpunkt. Das Ärgernis des Kreuzes, das Empörende daran, daß der Gekreuzigte – der, der hier ganz unten angelangt ist – gerade nicht der von Gott Verfluchte ist (nach Dtn 21,23), sondern der Immanuel, dieses Ärgernis erweist sich als „Gottes Kraft und Gottes Weisheit". „Gottes Unsinn" – Paulus spricht tatsächlich so – „ist weiser als die Menschen und Gottes Schwäche stärker als die Menschen" (1 Kor 1,25). Gottes Schwäche? Die „Schwäche" des Allmächtigen? Wahrhaftig, auch bei Paulus ist es mit dem Durcheinander der Maßstäbe, das der Zeuge und Sohn des „heruntergekommenen Gottes" provozierte, noch nicht zu Ende.

Ein ferner Nachklang dieser Worte aus dem 1. Korintherbrief sind die Sätze des großen deutschen Philosophen FRIEDRICH WILHELM JOSEPH SCHELLING aus seiner „Philosophie der Offenbarung":

„Man kann schon darin eine göttliche Thorheit sehen, daß Gott überhaupt mit einer Welt sich eingelassen, da er in ewiger Selbstgenügsamkeit an der bloßen Beschauung der durch ihn möglichen Welt sich erfreuen konnte. Aber die Schwäche Gottes ... kann man insbesondere in seiner Schwäche für den Menschen erkennen. Aber in dieser Schwäche ist er stärker als der Mensch. Sein Herz ist groß genug, um *alles* fähig zu seyn" (Bd. 2, Darmstadt 1974, 26).

Noch Schelling ist damit beschäftigt, mit diesem metaphysischen Durcheinander zurechtzukommen. Und er traut dabei einer Erfahrung, die Gottes nicht ganz unwürdig sein kann: daß das Schwachwerden für einen Menschen ein „großes Herz" offenbart. Dürfen wir der „Schwäche Jesu" für die Schwachen und Kleinen – für die ganz unten Lebenden – zutrauen, daß sie das große Herz Gottes offenbart? Dürfen wir darauf hoffen, daß wir von ihr her die Kraft finden, Gottes Schwäche mitzuleben – und mit dem metaphysischen Durcheinander zurechtzukommen, das sie angerichtet hat?

III. Das erlösende Wort

1. Jesu Evangelium: eine gute Nachricht – für wen?

In welchem Sinne es Jesus von Nazaret um „Erlösung" ging, das läßt sich schon mit einem flüchtigen Blick in die Evangelien feststellen: Erlösung bedeutet für ihn Ankunft und Ausbreitung der Gottesherrschaft. Seine Botschaft ließ sich deshalb in einer kurzen Nachricht und einer klaren Forderung zusammenfassen: „Die Zeit ist erfüllt, das Reich Gottes (Gottes Herrschaft) ist nahe. Kehrt um und glaubt an diese gute Nachricht" (Mk 1,15).

Aber was meint diese Nachricht; was fordert der Umkehrruf Jesu konkret? Und wie glaubwürdig war und ist die Nachricht, wenn von einem Eintreffen der von Jesus als nahe bevorstehend angekündigten Gottesherrschaft auch nach zweitausend Jahren nicht die Rede sein kann? Es ist durchaus, und heute vielleicht mehr denn je, rätselhaft, worum es Jesus ging, als er davon sprach, die Herrschaft der Mächte dieser Welt werde bald zu Ende gehen, da Gott schon dabei sei, seine Herrschaft aufzurichten.

Außerdem: Das Wort „Herrschaft" hat auch in Verbindung mit Gott keinen guten Klang; es klingt – für Kinder und Kindeskinder der Aufklärung – nun einmal rettungslos nach Befehl, Unfreiheit, Dominiertwerden, Machtmißbrauch. Wie sollte man sich da eine „erlösende" Herrschaft vorstellen können? Von der Herrschaft der Ausbeuter und Unterdrücker ist ja auch in den Evangelien vielfach die Rede – von denen, „die als Herrscher gelten" und „ihre Völker unterdrücken", von den Mächtigen, die „ihre Macht über die Menschen mißbrauchen" (Mk 10,42).

Wie kann man davon reden, darauf hoffen, daß solche Herrschaft einer „besseren" weicht! Solche Versprechungen macht doch immer nur die Propaganda derer, die an die Macht wollen. In Wahrheit löst immer wieder nur eine Ausbeuterherrschaft die andere ab; und mitunter hat es den Anschein, die Machtsysteme würden immer monströser, „ungeheuerlicher". Das Buch Daniel – neben der „Offenbarung des Johannes" das einzige durchgängig apokalyptisch geprägte Buch der Bibel – bringt diese Erfahrung ins Bild: Die aufeinander folgenden Weltreiche sind wie Ungeheuer, „furchtbar und schrecklich anzusehen", die fressen, zermalmen und zertreten, was ihnen in die Augen und in Reichweite kommt (7,2-8; vgl. das Kapitel 2 mit dem Traum des Nebukadnezzars von den vier Reichen). Aber der „Hochbetagte" hält Gericht über sie; er nimmt ihnen die Herrschaft und übergibt sie einem, der wie ein Menschensohn auf den Wolken des Himmels kam:

„Ihm wurden Herrschaft, Würde und Königtum gegeben. Alle Völker, Nationen und Sprachen müssen ihm dienen. Seine Herrschaft ist eine ewige, unvergängliche Herrschaft. Sein Reich geht niemals unter" (Dan 7,14).

Die Herrschaft des Menschensohnes ist keine weitere in der Reihe der Ungeheuer, der Herrschaften, die fressen und zermalmen. Mit ihr ist die Macht derer gebrochen, die sich zwischen Gott und Menschen schoben, die Despotie derer, die Herren des Schicksals, Herren über Leben und Gott sein wollten und es oft genug auch waren. Ihre Herrschaft steht nun unter dem Vorzeichen des Zu-Ende-Gehens. Damit kommt aber nur ans Licht, was diese Herrschaft „immer schon" ausmachte: die verhängnisvolle Dynamik hin zu einem Ende mit Schrecken, die Unheils-Logik jeder Gewaltherrschaft, die zerstört, was sie beherrschen will.

Diese „Logik" kennzeichnet die Herrschaft der fremden Ausbeuter, die – wie „Moloch" – das Leben, den Besitz, die Lebenskräfte der Unterworfenen als bloße Machtressourcen ausbeuten und sie damit unter das Vorzeichen fortschreitender „Er-schöpfung" stellen. Sie kennzeichnet aber auch das hilflose „Regiment" derer, die im Land die Geschicke der Gemeinschaft in religiöser wie in politischer Hinsicht bestimmen: Sie verbrauchen die Kräfte der Solidarität, den „Vorrat" an Motivation für ein gottgemäßes, gerechtes Zusammenleben; sie lähmen die Hoffnung darauf, daß Gottes erwähltes Volk wieder zu dem werden kann, was es doch „eigentlich" ist: Zeichen dafür, was aus einem Volk werden kann, das sich an Jahwe hält und ihn in seiner Mitte „wohnen" läßt, das ihn – und den „Gottes-Dienst" – wirklich Mittelpunkt sein läßt. Das Volk – seine Führer – verbrauchen bedenkenlos, was Jahwe in seinen Bund mit Israel „investiert" hat. So lebt es auf ein Ende hin, in dem endgültig eintrifft, was in der Logik des Verbrauchs vorgezeichnet ist: die Zerstörung seiner Lebensmöglichkeiten, der Möglichkeiten eines Lebens vor und mit Jahwe. Kehrseite dieser Logik des Verbrauchs ist die Anhäufung von Lasten, die immer drückender werden und von denen niemand mehr weiß, wie sie zu tilgen sind. Die Zerstörung nimmt überhand; aber das Zerstörte verschwindet nicht einfach. Es verwandelt sich zu einer stetig anwachsenden Verhängnislast, deren „Untragbarkeit" sich in der endzeitlichen Katastrophe erfüllen muß. Zerstörung ist eben niemals folgenlos; die Zerstörer und Ausbeuter können sich nicht damit beruhigen, daß eben nur nicht mehr da ist, was sie sich herausgenommen haben. Es *fehlt;* und dieses Fehlen wirkt sich aus; es wird zur Last, zu einer Last, unter der das Volk – die Welt – zusammenbrechen wird, da ihre Tilgung unmöglich scheint.

Die Tilgung des sündigen Unheils-Potentials ist aber so lange nicht gänzlich hoffnungslos, als es religiöser (Opfer-)Praxis gelingen kann, in der Gottesbeziehung einen „tragfähigen" Rückhalt zu finden, der die Zerstörungskraft des Unheils doch noch aufhalten kann. Jahwe gewährt Tilgung, ja er trägt selbst mit, was sich an Unheilslast angehäuft hat: Das Haus Jakob ist ihm „aufgeladen vom Mutterleib her". Durch seinen Propheten kündet er: „Bis zu eurem Alter bin ich der Gleiche, bis zu eurem Ergrauen will ich euch tragen; ich habe es getan und ich werde tragen, ich werde euch schleppen und retten" (Jes 46,3f.; vgl. Ps 68,20). Die kultische *Sühne* wird in der nachexilischen Zeit immer mehr zum – einzigen – Tilgungsort, an dem durch Jahwes Huld (vgl. Lev 16) weggeschafft werden kann, was das heilvolle Zusammenwohnen mit ihm unmöglich macht, an dem – im Blut der dargebrachten Opfer – „abgewaschen" werden kann, was das Unheil auf sich zieht.

Aber in einer Zeit großer politischer und kultureller Umwälzungen (seit etwa 200 v. Chr.) zersetzte sich das Vertrauen auf die sühnende Kraft des Kultes. Der gewaltige Opferbetrieb am Tempel war dem sich aufhäufenden Verhängnispotential offenbar immer weniger gewachsen; die politischen Katastrophen schienen zu bestätigen, daß das herandrängende endzeitliche Unheil von den in der Vergangenheit als „heilseffektiv" erlebten kultischen (oder auch ethischen) Tilgungsmöglichkeiten nicht mehr aufgehalten werden konnte. So stand die Fremdherrschaft für die Herrschaft des Unheils, für die Herrschaft der

Verhängnismächte, die das Volk eisern im Griff hatten und so unentrinnbar umklammerten, daß man es offenbar nur mit einer radikalen Absage an die herkömmlichen Formen der Heilsvermittlung vermeiden konnte, zu ihrem Komplizen zu werden – und damit noch mehr an ungetilgter Verhängnislast aufzuhäufen. So sahen es im Israel der Zeit Jesu viele, Johannes der Täufer etwa oder die Klostergemeinschaft von Qumran.

Eine zentrale Figur in diesem Endzeitszenario mag der „Satan" gewesen sein, der – wie man etwa schon im Hiob-Buch nachlesen kann – vor Gottes Thron das Unheil der von Jahwe Erwählten betreibt. Er wird in der apokalyptischen Literatur zum Ankläger, der Jahwe dazu bewegen will, endlich die aufgehäufte Verhängnislast über sein Volk kommen zu lassen – nicht länger „Geduld" zu üben, sondern zu Ende zu bringen, was doch nicht mehr aufzuhalten ist. Diesen Satan, die zur aktiven, übermenschlichen Macht gewordene Bedrohung durch das endzeitliche Verhängnis, den Anführer aller Mächte, die auf das endgültige Verhängnis hinarbeiten – ihn sieht Jesus „wie einen Blitz vom Himmel fallen" (Lk 10,18). Seine Herrschaft ist gebrochen; und mit ihr ist die Unheilsdynamik gebrochen, die alles in die unvermeidliche Endkatastrophe mit sich fortzureißen schien. Jesus entzieht sich dem apokalyptischen Endzeitszenario. Für ihn ist nicht das sich erfüllende, weil durch kultische Sühne nicht mehr abwendbare Unheil das nach Gottes Willen *jetzt* Geschehende, sondern die unerwartete neue Zuwendung Gottes zu seinem Volk, sein hier und jetzt schon sich durchsetzender Heilswille: *Gottes Herrschaft*.

Weil Gottes Wille geschehen wird und weil er *Heils*-Wille ist, nicht der vom Satan herbeigeklagte Vergeltungswille, deshalb ist jetzt Heilszeit. Gottes Herrschaft ist zum Greifen nahe. Und sie fängt an, wo Menschen sich der „Unheils-Logik" des Zu-Ende-Gehenden entziehen und sich auf die Perspektive der nahegekommenen Gottesherrschaft einlassen: wo sie aus dem Geschenk der unverhofft eröffneten neuen Zukunft leben und den Mitmenschen Zukunft geben – statt sie auf die in der Vergangenheit aufgehäuften Schulden festzulegen (vgl. Mt 18,23-35); wo sie sich von der unverdienten Erwählung des göttlichen Vaters zur Weitergabe der erfahrenen Vergebung herausfordern lassen (vgl. die Vaterunser-Bitte Mt 6,12/Lk 11,4 in Verbindung mit Mt 5,48/Lk 6,36); wo ihnen Jesu Gleichnisse den

Blick – die Vorstellungskraft – dafür geöffnet haben, wie es sein wird, wenn Gottes Herrschaft die Menschen, ja die ganze unter der Last der Sünde „seufzende" Schöpfung verwandelt; wo Menschen aus der ganz anderen Ordnung und Gerechtigkeit der Gottesherrschaft leben lernen – und dies auch da schon, wo sie für den Augenschein unentrinnbar von der Ordnung und den Mächten „dieser Welt" festgehalten werden, wo sie deshalb zu Recht jetzt schon „selig" („im Heil") genannt werden dürfen (Mt 5,3-12/Lk 6,20-26).

Es ist der *Glaube*, dem hier das „Im-Heil-Sein" zugesprochen wird; noch nicht ein ausdrücklich christologisch-soteriologischer Glaube an den Heilbringer Jesus Christus, Glaube vielmehr im Sinne eines radikalen Perspektivenwechsels, der herausführt aus dem Gefangensein in der Perspektive eines unausweichlichen endzeitlichen Unheils und hineinversetzt in eine Gottes-, Menschen- und Welt-Anschauung, für die an und in Gottes guter Schöpfung nun geschehen kann, was ihr von ihrem Schöpfer zugedacht war; eine Gottes-, Menschen- und Welt-Anschauung, für die der nicht mehr zu vereitelnde und der Erschöpfungs-Logik des unheilvollen Zu-Ende-Gehens nicht mehr unterworfene, weil von Gott selbst gesetzte Anfang im Kleinen und im Großen sichtbar wird; eine Menschen- und Weltanschauung, die schon sieht, wie die Saat aufgeht, „dreißigfach, ja sechzigfach und hundertfach" (Mk 4,3-9). Wer Augen hat zu sehen und Ohren zu hören, der sieht und hört, was jetzt anfangen will und nie mehr aufhören wird anzufangen, weil Gott es so will und seinem Willen Geltung verschaffen wird – der nimmt es in sich auf und lebt davon; anders als die Blinden und Tauben, die auf das Zu-Ende-Gehen fixiert bleiben und deshalb kein Gespür haben für das, was Gott mit ihnen *jetzt* anfangen will.

2. Eine zweite Chance?

Aber besteht denn wirklich ein Anlaß für diese radikal andere „Sicht"? Genügt es, sich in eine neue, zukunftsoffene Perspektive hineinzuglauben – hineinzuträumen? Es genügt nur, wenn man Gott zutrauen kann, daß er wahrmacht, was in dieser Perspektive als die Verheißung eines „unverbrauchbaren" Anfangs

aufleuchtet; wenn man Gott glauben darf als jene „letzte Instanz", die nicht auch noch erfaßt und zuletzt „begraben" wird von dem so unübersehbar aufgehäuften Unheilspotential.
Für Jesu Zeitgenossen war die Herausforderung zu diesem Perspektivenwechsel womöglich noch „erlösend": Sie war geeignet, aus dem Bann apokalyptischer Ängste, aus der Starrheit einer durch kultische Zuversicht kaum noch gemilderten Hoffnungslosigkeit zu lösen. Ihnen war Jahwe zweifelsfrei jene „letzte Instanz", in deren Vollmacht es stand, das aufgehäufte Unheil über sein Volk kommen zu lassen oder es unverdientermaßen zu schonen, ihm von neuem eine Heils-Zukunft zu eröffnen. Aber was bedeutet Jesu Evangelium von der nahegekommenen Gottesherrschaft für Menschen, die sich nicht mehr davor ängstigen, daß Gott das aufgehäufte Unheilspotential über die Welt kommen läßt, sondern davor, daß sich der Schöpfungsmißbrauch im Kollaps der Menschenwelt „auszahlt"? Was bedeutet „Erlösung", wenn das aufgehäufte Unheilspotential sich Gott – und nicht nur den Menschen, den Tätern – gegenüber gleichsam „selbständig gemacht" hat, so daß man auch einem Erlöser-Gott die Tilgung nicht mehr zutrauen kann; so daß man ihn kaum noch als den glauben kann, der der Unheilsdynamik aufs Ende hin ihren Lauf läßt oder ihr – aus Gnade – Einhalt gebietet? Setzt der Glaube an die nahegekommene Gottesherrschaft nun einfach auf ein Allerletztes, das sich auch im Zusammenbruch aller Lebensordnungen noch als rettend erweisen wird, auf einen „Himmel", den die Katastrophe nicht in Mitleidenschaft ziehen wird, auf ein „neues Leben" nach dem alten, zum Untergang verurteilten? Hat der Erlösungsglaube der Christen nichts mehr zu tun mit dem Schicksal der Menschenwelt, mit dem Unheil der Sünde, der Zerstörung einer Schöpfung, deren „Gutheit" sich erschöpfte, weil sie so bedenkenlos ausgebeutet wurde?
Wir gehen mit unserer Welt um, so als hätten wir noch eine zweite in Reserve. So lautet der verzweifelte Protest der Ökologiebewegung gegen die große (Welt-)Politik und die kleine Politik vor Ort, denen es nicht einmal gelingt, das Anwachsen der Verhängnispotentiale zu verlangsamen. Das scheint tatsächlich die irrationale geheime Zuversicht des Bürgers zu sein: Wenn es ganz schlimm kommt, wird man noch auf stille Reserven zurückgreifen können, die man in weiser Voraussicht auf

die hohe Kante gelegt hat. Sind es dann vielleicht die Investitionen in Religion, die sich am Ende auszahlen werden? Wurden sie nicht – klammheimlich und mit schlechtem intellektuellen Gewissen – getätigt, damit nicht alles verloren ist, wenn der Zusammenbruch der Menschenwelt unabwendbar werden, wenn sich herausstellen sollte, daß das „Zivilisationsprojekt Moderne" unwiderruflich gescheitert ist?
Die Sprachnot kirchlichen Erlösungsglaubens hat offenkundig entscheidend damit zu tun, daß man so schnell in falsche Alternativen hineingerät, wenn man von Erlösung zu reden anfängt – und daß die falschen Alternativen kaum noch „richtigzustellen" sind. Entzieht sich der Erlösungsglaube der Not des „Diesseits", da das „Diesseits" für ihn nicht alles und deshalb mit der End-Katastrophe im „Diesseits" nicht alles verloren ist? Oder sieht er Erlösung in der Unheilsgeschichte unseres Zivilisationsprojekts auf dem Spiel stehen; sieht er sie „gegenstandslos" werden, wenn zusammenbricht, worauf unser Zivilisationsprojekt *alles* gesetzt hat? Sieht der christliche Erlösungsglaube im Gottesverhältnis das Scheitern der Menschengeschichte letztlich doch aufgehoben – und damit gefährlich entdramatisiert, so als käme es doch nicht ernsthaft darauf an, ob die Menschen ihre Welt ruinieren oder nicht? Oder muß die Solidarität der Glaubenden mit den Scheiternden – die Solidarität der Glaubenden als der Mit-Scheiternden – so weit gehen, daß sie nichts mehr für sich erhoffen, wenn es hier zum Äußersten kommt, daß sie keinen Schonraum mehr kennen, der nicht in den Zusammenbruch mit hineingerissen wäre?
Das Sprechen von Erlösung wäre ja letztlich gegenstandslos, wenn es der Menschen und nicht Gottes Sache wäre, sie herbeizuführen oder zu verweigern. Freilich: *muß* sie nicht doch vereitelbar sein von dem, was Menschen in der Geschichte anrichten, wenn sie mehr sein soll als ein illusionärer Trost in hoffnungsloser Lage, mehr als ein Sich-unverantwortlich-Erklären der Menschen an dem, was letztlich bestehen soll?
Die Klemme der falschen Alternativen scheint fast ausweglos: Entweder glaubt man an eine Erlösung, die nicht letztlich von dem abhängt, was Menschen fertigbringen oder zerstören könnten. Oder man sieht in solchem Glauben eine unerlaubte Desolidarisierung im Kampf um die Bewahrung der Schöpfung und sieht das Heil mit dem Schicksal der Menschenwelt auf dem

Spiel stehen. Man wird dann freilich kaum noch überzeugend begründen können, warum es in letzter Instanz doch auf *Gottes* Erlösungshandeln ankommen soll. Man reißt ebenso unwillkürlich wie unvermeidlich auseinander, was Jesu Evangelium von der nahegekommenen Gottesherrschaft irgendwie zusammengehalten hat: den Himmel und die Erde. Fast scheint es unmöglich, heute noch zusammenzuhalten, was die radikal sein wollende Diesseitigkeit des modernen Menschen auseinandergesprengt hat.

Aber kann diese radikale Diesseitigkeit unwidersprochen das letzte Wort behalten? Ist sie so selbstverständlich „wahr" – im Sinne von: die Realität treffend –, daß man davon absehen könnte, wie hier das „Unwahre" – das Scheitern eines Projekts, in dem der Mensch sein Wahrwerden selbst verbürgen wollte – zur letzten Instanz erklärt wird? Zumindest die Weigerung, mit dem, was faktisch – und so beängstigend unaufhaltsam – geschieht, in irgendeinem Sinne einverstanden zu sein, die Weigerung, ihm „Sinn" zuzusprechen, die Weigerung aber auch, ihm die Ehre des Letztgültigen zu lassen, müßte doch weiterhin spruchreif bleiben – auch wenn sie nicht leicht auszusprechen ist. Der „metaphysische Skandal", daß Menschen einander nicht nur umbringen, sondern zum Spielball ihrer Willkür entwürdigen und zur Bedeutungslosigkeit verurteilen können, schreit zum Himmel. Es läßt sich nicht vernünftig ergründen, ob „der Himmel" diesem Schrei gegenüber gleichgültig bleibt, oder ob er sich seiner „erbarmt", so daß der Schrei nicht das Letzte bleiben müßte. Und wenn er sich erbarmen sollte, wie es die Glaubenden und die, die versuchen zu glauben, mehr oder weniger erhörungsgewiß herbeibitten: Wie solches Erbarmen aussähe, davon werden sie sich – anders als in früheren Generationen – kaum einen Begriff machen können. Dies immerhin wird ihr Reden von Erlösung, ihr Hoffen auf den heilschaffenden Gott doch in Bewegung halten: Sie können *nicht* daran glauben, daß menschliche Gewalt- und Ausbeutungsgeschichte das letztgültige Urteil spricht über die, die ihr zum Opfer fallen.

3. Gottes „Herrschaft": Wie sie anfängt – was mit ihr anfängt

Wo die Sehnsucht, das letzte Wort dürfe doch nicht in der Macht der „Schlußmacher" und Ausbeuter stehen, noch nicht erloschen und die Hoffnung auf ein „Erbarmen" für alle, die von den Mächten dieser Welt zur Bedeutungslosigkeit verurteilt sind, noch nicht eingelöst ist, da wird man deutlicher wahrnehmen, wie es dazu kommt, daß sich die Logik der Ausbeutung und des Schlußmachens so unwiderstehlich durchsetzt. Da wird aber auch die Aufmerksamkeit für all das wachsen können, was dieser Logik nicht unterworfen ist; da wird sich Widerstandskraft gegen die so überwältigend selbstverständliche Komplizenschaft mit den Mächten der Ausbeutung und der Erschöpfung entwickeln können. Widerstehen heißt: nicht für selbstverständlich halten, eherne Logiken anzweifeln, nicht vergessen, welche Opfer sie forderten und immer neu fordern, sich das Verlangen nach Gerechtigkeit auch für die Opfer nicht abtrainieren lassen und in diesem Sinne daran glauben, daß das Hungern und Dürsten nach der Gerechtigkeit Heil in sich trägt – ohne schon zu wissen, wie dieses Heil geschehen wird (Mt 5,6). Widerstehen heißt – JOHANN BAPTIST METZ hat darauf hingewiesen (vgl. etwa: Glaube in Geschichte und Gesellschaft, Mainz 1977, 161-180) –, den Horizont des Möglichen, wie er von herrschender Rationalität definiert wird, durch die für die herrschende Unvernunft „gefährliche" Erinnerung an eine weniger „disziplinierte" Sehnsucht und an weitergreifende Hoffnungen aufbrechen; die Abgeschlossenheit dieses Horizonts schon deshalb nicht hinnehmen, weil er zur Blindheit für die gebrachten und noch zu bringenden Opfer verurteilt, weil er diejenigen zur Unsichtbarkeit verurteilt, die die Opfer bringen. Aber was bewahrt die Erinnerung davor, resignativ oder zynisch zu werden? Wer den Horizont des Selbstverständlichen und Unausweichlichen „transzendiert", wie kann der sich retten – gerettet werden – vor der Überwältigung durch die Leere; durch die Kälte, in die eine Welt hineinstürzt, die nicht mehr an die wärmende „Sonne" gebunden ist, weil die Seile der Hoffnung durchgescheuert sind, zerfasert vom analytischen Zweifel, der Verzweiflung an allem Haltgebenden und Bindenden (vgl. F. NIETZSCHE, Die fröhliche Wissenschaft, Aph. 125, KSA 3,

480-482)? Ist Erinnerung nicht gerade dadurch „gefährlich", daß sie sich der *Versprechen* erinnert, die unseren Lebensweg begleiten, des Versprechens, als das uns das Leben selbst erschien und – wenn Liebe, Treue und Wahrhaftigkeit in ihm vorkommen dürfen – immer wieder neu erscheint? Ist die Erinnerung nicht zuletzt deshalb gefährlich, weil sie diese Versprechen beim Wort nimmt, weil sie sich nicht abspeisen läßt mit den Kompromissen und Ersatzbefriedigungen, zu denen eine mit den Mächten dieser Welt im Bund stehende „Realitätsprüfung" sie verführen will? Die Erinnerung läßt sich nicht zum Realismus bestechen. Sie durchschaut als falsche Alternative, wenn man ihr anempfiehlt, den Himmel Engeln und Spatzen zu überlassen, die Illusion eines „Großgrundbesitzes" im Jenseits fahren zu lassen, um als „ehrlicher Kleinbauer auf dieser Erde" die Scholle zu bearbeiten (vgl. S. FREUD, Die Zukunft einer Illusion, in: Freud-Studienausgabe, hg. von A. Mitscherlich/A. Richards/J. Strachey, Bd. IX, 135-189, hier 183).
Wer sich dessen erinnert, daß die Realität weithin die Realität derer ist, die die Macht haben, sie zu bestimmen und den „ehrlichen Kleinbauern" die Scholle wie auch den Ertrag ihrer Arbeit zuzuteilen und abzunehmen, der wird auf die Versprechen zurückkommen, die diese Realität bricht; der wird nicht einfach glauben, was man ihn glauben machen will: daß diese Versprechen „unhaltbar" sind und eben nicht beim Wort genommen werden dürfen, wenn man nicht auch noch die kleinen Erfüllungen aufs Spiel setzen will, die die Realität für ehrliche Kleinbauern bereithält (vgl. P. SLOTERDIJK, Eurotaoismus. Zur Kritik der politischen Kinetik, Frankfurt a. M. 1989, 174-184). Was das Leben verspricht, wenn die Liebe mitspricht, das darf nicht ins Unglaubwürdige oder Lächerliche gezogen werden, nur damit *die* weiter ihre Geschäfte machen können, die die Ersatzbefriedigungen im Angebot haben.
Wer die Versprechen beim Wort nimmt, der wird auch sehen können, daß sie anfangen, wahr zu werden; der wird danach suchen, wo ihr Wahrwerden anfängt, wo ihm glaubwürdige *Zeichen der Hoffnung* darauf begegnen, daß man sich an das Anfangende halten darf und nicht an das Zu-Ende-Gehende halten muß. Christlicher Erlösungsglaube nimmt Jesus von Nazaret, den Christus, als Zeugen dieser Hoffnung beim Wort; und sein Wort ist die Ankündigung, hier und jetzt – mit ihm – beginne,

was von den Mächten dieser Welt – den „Schlußmachern" – nicht mehr vereitelt werden kann: Gottes Herrschaft. Seitdem ist das Wort „Gottesherrschaft" zum Suchwort geworden, zur Aufforderung, danach zu suchen, was *so* anfängt, so mit ihm anfing, daß es mit Gott und seinem neu-schöpferischen Geist in Verbindung gebracht werden darf.

Sein Lebensweg und seine Verkündigung machen denen, die sich an sein Zeugnis halten wollen, hinreichend deutlich, daß die Suche nach dem, was mit Gott und seinem Geist in Verbindung gebracht werden darf, nicht einfach in die Tiefe, die Innerlichkeit, aufs „Jenseits" verwiesen ist, sondern auf das, was *mitten unter uns* anfängt (Lk 17,21), so anfängt, daß die Herrschaft der „Mächte" gebrochen (vgl. Mt 12,28f.) und die Perspektive des Zu-Ende-Gehens aufgebrochen ist. Jesus von Nazaret war mit Leib und Seele Jude; sein Glaube verrät durchaus noch die „Erdverhaftetheit" alttestamentlicher Heilshoffnungen – und ihre Offenheit, die ja mit einem Gott zu tun hat, der sich in seiner schöpferischen Treue nicht festlegen läßt und seinen unaussprechlichen Namen immer wieder neu wahr macht. Wer – so DIETRICH BONHOEFFER in seinen Gefängnisbriefen – „zu schnell und zu direkt neutestamentlich sein und empfinden will, ist m.E. kein Christ." Denn:

„Nur wenn man die Unaussprechlichkeit des Namens Gottes kennt, darf man auch einmal den Namen Jesus Christus aussprechen; nur wenn man das Leben und die Erde so liebt, daß mit ihr alles verloren und zu Ende zu sein scheint, darf man an die Auferstehung der Toten und eine neue Welt glauben ... Man kann und darf das letzte Wort nicht vor dem vorletzten sprechen. Wir leben im Vorletzten und glauben das Letzte, ist es nicht so?" (Widerstand und Ergebung, München-Hamburg [4]1967, 86).

4. Biblische Besinnung: Gottes Herrschaft – sein Wille geschieht

4.1 Gepackt (Mt 12,22-29)

Das ist keine erfreuliche oder „erbauliche" Vorstellung: daß mich einer packt und umklammert hält. Er nimmt mir nicht nur meine Bewegungsfreiheit, er vergeht sich an meinem „Körper-

Ich", mißachtet die Botschaft meiner Körper-Sprache. Er bringt meinen Körper zum Schweigen, weil er nur dies eine will: daß ich mich nicht mehr bewegen, nicht mehr ausdrücken – ausleben – kann. So ist der Polizeigriff die äußerste Konsequenz des Zupackens, oder der „Schwitzkasten", in dem wir bei Kinder-Raufereien den anderen zur Kapitulation zwangen – vielleicht auch selbst kapitulieren mußten.

Das Gegenbild zum selbstbestimmten Menschen

„Gepackt" – das geht an unsere Freiheit, an unsere *Souveränität*, in der wir selbst entscheiden, wohin wir uns wenden, wovon wir uns in Anspruch nehmen lassen wollen. „Gepackt" – wie weit ist es da noch bis zum Niedergeworfen-, zum Vergewaltigtwerden? Die Souveränen stehen aufrecht und gehen, wohin sie wollen; sie sind *selbstbestimmte* Menschen. Ein Idealbild für den „Geist der Freiheit", der die europäische Zivilisation seit der Aufklärung durchatmet. Ein Gegen-Bild gegen das Hin- und Hergezerrtwerden, das unseren Alltag faktisch bestimmt und durch die Mobilitätseuphorie „freier Bürger" nur notdürftig kompensiert wird?
Aber das Bild des selbstbestimmt souveränen Bürgers ist vielleicht doch nur narzißtische Illusion des „frei" auswählenden Kunden, der immer wieder neu entscheiden kann, wohin er sich wendet und wem er seine Käufergunst schenkt. Das Selbst-Bild gewiß auch von Menschen, die sich aus dem Zugriff totalitärer Ideologien, aus dem Griff unfehlbarer Parteien befreien konnten und nun selbst bestimmen wollen, was und wer ihnen noch etwas zu sagen hat.

Der Zugriff auf die „Seele"

Wer den Zugriff totalitärer Ideologien und Institutionen am eigenen Leib erlebt hat, der wird den Freiheitsgewinn zu schätzen wissen, der ihm mit dem Fall der Gefängnismauern und unantastbarer Parteigötzen, mit dem Kursverfall ehedem hoch gehandelter Ideologiewerte zugefallen ist. Er wird aber auch im Gedächtnis behalten, daß nicht der offen gewaltsame Zugriff der Machthaber, sondern das „Gepacktsein" von ihrer Ideologie – von ihrem Un-Geist – seiner Freiheit wirklich gefährlich wurde. Hier sind die „Mächte" am Werk, die „durch uns hindurchgehen" und unsere „Seele" in Besitz genommen haben. Es sind die Verführer, die uns hierhin und dahin zerren, uns „mit Leib und Seele" bei einer Sache sein lassen, so daß wir sie zu unserer Sache machen und uns von ihr beherrschen lassen. Es sind die Machthaber, die ihre Macht im Letzten dadurch aufrechterhalten, daß sie unsere Identifikationsbereitschaft – unsere Leidenschaften – für sich und ihre Sache mobilisieren.

Besessenheit

Wer gepackt, geradezu besessen ist von dieser Sache, der wird sich nicht als Unfreier, gar als Sklave vorkommen. Er ist ja ganz *dabei* – bei dem, womit er sich identifiziert. Er unterwirft sich einer *Herrschaft*, die er nicht als solche erlebt, weil er „gepackt" ist von der Leidenschaft, der „Sache" und ihren Sachwaltern zu dienen, bei denen zu sein, die etwas wirklich Bedeutsames tun und sich dafür eben auch „Opfer" abverlangen müssen.
Die „Sachen" und „Sachwalter", die Herrschaften und Mächte, denen solche Leidenschaften gelten, denen dieser Tribut dargebracht wird, sie sind nicht verschwunden mit dem vielbeschworenen Ende der Ideologien und ihrer totalitären Verwalter. Sie sind nicht überwunden von der reinen Vernunft der sich selbst bestimmenden aufgeklärten Bürger. Aber die „Sachen" und die „Leidenschaften", die an ihnen haften, sind nicht mehr so leicht identifizierbar; sie verstecken und maskieren sich. Die Herrschaft, die hier ausgeübt wird, hat nichts Abstoßendes an sich, auch wenn ihr Opfer gebracht werden, auch wenn in ihrem Namen Opfer verlangt werden müssen. Es ist gar nicht so leicht, die Opfer als solche zu erkennen – und die Leidenschaften, in denen uns die „Sache" beherrschen und tributpflichtig machen will. Es ist nicht leicht, zu erspüren, wer und was uns da zutiefst gepackt hat, so tief, daß ich mich mit diesem Gepacktsein identifiziere, ihm ausgeliefert sein *will*, weil ich hier das Versprechen höre, *ich selbst* sein zu dürfen.

Dämonen?

Was mich so gepackt hat und nicht mehr losläßt, das macht mich lebendig und leidenschaftlich; es entzündet meine „Affekte", meine Phantasie. Es macht sich breit in meinem Erleben, in meinen Beziehungen, und es kann schnell dahin kommen, daß es mich „auffrißt". Die biblischen Bilder von den Dämonen, die sich in einem Leib – einem Menschenleben – einnisten und es schließlich ganz im Griff haben, mögen uns heute übertrieben drastisch vorkommen. Unsere „Alltags-Besessenheiten" sind – so scheint es – weniger dämonisch, nicht ganz so zerstörerisch. Vielleicht zerren sie an uns; vielleicht machen sie uns mitunter blind und taub. Aber an lebenzerstörende Mächte denken wir dabei nicht gleich.

Maskierte Herrschaft

Es gehört – und auch davon spricht die Bibel – zu den Künsten dieser „Dämonen", daß sie sich perfekt maskieren können, so daß man sie kaum entdeckt in all den ernsthaften Bestrebungen und Gedanken, denen tagtäglich unsere Aufmerksamkeit gilt; daß man nur schwer entdeckt, worauf das alles hinausläuft, was sie in uns und durch uns in Bewegung bringen; daß man so schwer aufdecken kann, was uns da *beherrscht*. Religiöse Praxis ist in vielen religiösen Traditionen Einübung der Aufmerksamkeit für dieses Sich-Einnisten der „Mächte", der „Dämonen", in unsere Vorstellungen, unsere Motive, unser Denken und Handeln; die Einübung der Sensibilität für Besessenheit, für dämonische Fremdherrschaft, und sei sie noch so gut maskiert. Diese Einübung – diese „Askese" – ist wohl auch nach der Entmythologisierung antik-dämonistischer Weltanschauung unverzichtbar und heilsam.
Es mag dem aufgeklärten Bürger noch so gegen den Strich gehen, wenn er von „Besessenheit" und „Opfern" hört, wenn ihm davon gesprochen wird, daß er sehr viel weniger dem Selbst-Bild des Mündigen entspricht, als er annehmen möchte. Er mag seine Besessenheiten als mehr oder weniger ernsthafte „Passionen" herunterspielen. Ihren so häufig destruktiven Charakter sollte man sich nicht auf Dauer verheimlichen – ihre Herrschafts- und Gewaltförmigkeit. Ob ihr nicht einfach durch Auf-

klärung, durch Entlarven und Zu-Bewußtsein-Bringen beizukommen wäre?

Die Hartnäckigkeit der „Affekte"

Von dieser Aufklärungs-Naivität distanzierte sich schon BARUCH DE SPINOZA (1632-1677), einer der großen Anreger der Aufklärung. In seiner Ethik (Ethica Ordine Geometrico Demonstrata) rechnet er ganz realistisch damit, daß die „Kraft irgend einer Leidenschaft oder eines Affectes ... die übrigen Handlungen oder das Vermögen eines Menschen so übertreffen, dass der Affect hartnäckig an dem Menschen haftet" (Vierter Teil, 6. Lehrsatz). Und er zieht daraus die Konsequenz: „Ein Affect kann nur durch einen Affect, der entgegengesetzt und stärker als der einzuschränkende Affect ist, eingeschränkt und aufgehoben werden" (7. Lehrsatz). Hat der skeptische Aufklärer nicht auch hier noch Recht? Wir müssen ihm wohl beipflichten in unserer so deprimierenden Erfahrung, daß die Vernunft allein unseren menschenweltzerstörenden Leidenschaften und Besessenheiten nicht gewachsen scheint, daß – wie etwa HANS JONAS vermutete – die vitale Angst hinzukommen müßte, damit wir an Umkehr „denken".

Aber welcher „stärkere Affect", welches Gepacktsein wäre denn wirklich erlösend – und nicht noch einmal und vielleicht sogar in Potenz zerstörend? Welcher stärkere Affekt wäre mehr als ein „Gegengift", das nur um so folgenreicher vergiftet? Wir kennen solche „Gegengifte" ja zur Genüge – Nationalismus und Fundamentalismus sind die zur Zeit vielleicht gefragtesten. In Mt 12 ist vom *Heiligen Geist* die Rede: Durch ihn werden die Dämonen ausgetrieben, „hinausgeworfen", wie es im griechischen Text wörtlich heißt (V 28). Und wenn durch diesen Gottesgeist die „Abergeister" ausgetrieben werden, so wird für jeden, der sehen kann, deutlich sichtbar, daß „das Reich Gottes schon zu euch gekommen" ist.

Glaube: eine Leidenschaft?

Daß Gottes Geist die Kraft hat, die Dämonen hinauszuwerfen, daß er die starke Leidenschaft entfacht, die die zerstörerischen Affekte „besiegt" – wird einem nicht unheimlich bei dieser

Aussicht? Daß Religionen Leidenschaften entfachen und daß man Glauben mit Fanatismus identifiziert, dem Fanatismus für das Reich Gottes, das jetzt endlich anbrechen will und anbrechen wird, wenn wir ihm mit kriegerischer Entschlossenheit den Weg bereiten – das kennen wir zur Genüge. Auf weitere Erfahrungen mit *diesem* Geist werden wir keinen Wert legen.
Aber von *diesem* Geist ist auch gar nicht die Rede, sondern von einem, der er-löst, die Besessenheit löst, Blindheit und Stummheit heilt. Ja, es ist ein Geist, der die Menschen packt, der sie ansteckt mit Leidenschaft, und zwar mit einer *befreienden* Leidenschaft:
– mit der Leidenschaft der Hoffnung darauf, daß Menschen sich wieder frei bewegen können und nicht zeitlebens den Tod einer fortdauernden und immer tiefer greifenden Selbstaufgabe sterben müssen;
– mit der Leidenschaft einer Liebe, in der Menschen einander als Geschenk und Gott als den Schenkenden entdecken können;
– mit der Leidenschaft eines Glaubens, der nicht an die Allmacht der Fakten glaubt, sondern daran, daß Gottes guter Wille geschehen wird und jetzt schon geschieht.
Es ist die Leidenschaft, in der man spüren kann, wie und wo Gott handelt. Und er handelt ja, wo sein guter Wille geschieht: durch die Menschen, die sich von seinem Geist anstecken lassen. Es ist die Leidenschaft, die wahrnimmt, was hier und jetzt anfangen, was keimen und aufblühen will und auch dann nicht vergebens geblüht hat, wenn man von seiner Schönheit nichts mehr sehen kann. Es ist die Leidenschaft für das Unverlierbare – gegen das Verlorengeben und Abschreiben, gegen das achselzuckende Weiter-laufen-Lassen und Sich-Abfinden.

Die erlösende Leidenschaft

Wer von dieser Leidenschaft etwas weiß, wen sie ergriffen hat, bei dem „überwiegt" sie den Affekt lähmender Resignation, die Leidenschaft des Nicht-mehr-hören-, Nicht-mehr-mitansehen- und Verstummen-Wollens. Der hat gespürt, wer und was hier mit ihm anfangen will, so anfangen will, daß das, was so anfängt, nicht mehr zu Ende gehen wird: Gott will mit ihm seine Herrschaft anfangen; er will die Auferstehung mit ihm anfangen, die Erlösung, die „Aus-lösung" aus der Gefangenschaft der „dämonischen Mächte!" – der Resignation, der Ausbeutung des Lebens und der Welt in hilfloser Torschlußpanik. Die Herrschaft der „Mächte" ist übermächtig, die Versuchung zur Resignation oder zur Komplizenschaft fast unwiderstehlich. Es liegt so nahe, sich mit der Allmacht dessen, was läuft, abzufinden und so den Mächten gegenüber gefügig zu werden, die einem wenigstens eine kleine Entschädigung in Aussicht stellen. Warum packt uns die Leidenschaft für Gottes Herrschaft nicht noch unwiderstehlicher, so daß sie die anderen „Affekte" – die „Aber-Geister" – hinauswerfen könnte aus unserem Leben? Warum glimmt das Feuer der Hoffnung oft so schwach; warum kann ich mitunter kaum noch daran glauben, daß die Liebe *wahrer* ist als der Zynismus, der sich ohne Rücksicht auf die Verluste nimmt, was er kriegen kann, weil er vor der Sintflut noch auf seine Kosten kommen will? Wo bleibt der Heilige Geist, der – nach Lk 11,5-13 – denen nicht fehlen wird, die ihn ehrlich erbitten? Wo bleibt der Gott, der an mir und mit mir anfangen, an mir und in mir handeln müßte, damit ich an die Gottesherrschaft glauben könnte, die jetzt anfängt und nicht aufhört anzufangen?

Erhörungsfähig um den Geist Gottes beten

Vielleicht ist es ja so, daß wir nicht wirklich aufrichtig – und deshalb erhörungsfähig – um diesen Geist beten: weil wir mit ihm lieber doch nicht so viel zu tun haben möchten; weil wir mit dem, was er mit uns anfangen will, nicht so viel anfangen können; weil wir vor seiner umwälzenden Leidenschaft doch noch zuviel – zuletzt uns selbst – retten möchten. Wenn es so wäre, dann packt er uns nicht, weil er uns nicht packen kann. Wir haben ihm die „Angriffsfläche" genommen. Aber wie geht das: dem Gottesgeist eine Angriffsfläche bieten, so daß er tatsächlich unseren „Kurs" ändern kann? Vielleicht reicht es ja erst einmal, die Segel unserer Fragen und unserer Sehnsucht zu setzen. Gottes Geist wird etwas damit anfangen können. Er wird mit uns anfangen, was wir nicht alleine anfangen können: das rechte Beten um den verwandelnden Geist.

4.2 Jesus Christus, Gottes Spur in unserer Welt
(1 Thess 4,3)

Versteckt sich Gott vor uns?

Die jüdischen Chassidim erzählten sich die folgende Geschichte; MARTIN BUBER hat sie uns überliefert:

Rabbi Baruchs Enkel, der Knabe Jechiel, spielte einst mit einem anderen Knaben Verstecken. Er verbarg sich gut und wartete, daß ihn sein Gefährte suche. Als er lange gewartet hatte, kam er aus dem Versteck, aber der andere war nirgends zu sehen. Nun merkte Jechiel, daß jener ihn von Anfang an nicht gesucht hatte. Darüber mußte er weinen, kam weinend in die Stube seines Großvaters gelaufen und beklagte sich über den bösen Spielgenossen. Da flossen Rabbi Baruch die Augen über, und er sagte: „So spricht Gott auch: 'Ich verberge mich, aber keiner will mich suchen.'" (Werke, Bd. 3, München-Heidelberg 1963, 213)

Wer kann sich nicht in die Erfahrung des Knaben Jechiel hineinversetzen: Ich glaube daran, daß der andere unterwegs ist zu mir, daß er ganz darauf konzentriert ist, mich zu finden. Und da muß ich feststellen, daß er längst heimgegangen ist, daß er sich gar nicht dafür interessiert, wo ich bin. Die Enttäuschung ist grenzenlos: War es denn nicht ausgemacht, daß der andere mich sucht? Warum hält er sich nicht daran? Warum ist es ihm gleichgültig, wo ich bin? Warum versucht er erst gar nicht, mir auf der Spur zu bleiben?

Rabbi Baruch gibt der Geschichte eine fast atemberaubende Wendung: Er sieht Gott in der Rolle des verlassenen Spielgefährten; er weint, weil er sich in Gottes Trauer hineinversetzen kann. In die Trauer darüber, daß die Menschen nicht mehr mitspielen und sich gar nicht mehr dafür interessieren, wo Gott ist; daß die Menschen ihr Interesse daran verloren haben, Gott auf der Spur zu bleiben. Die Menschen spielen nicht mehr mit; Gott bleibt ungesucht und unentdeckt. Aber – so fragen sie vielleicht weiter – warum hat er mit uns dieses Versteckspiel begonnen? Warum ist er nicht einfach da – mitten unter uns? Warum läßt er sich suchen; und warum versteckt er sich so gut, daß er kaum zu finden ist und die meisten schließlich ihr Interesse an diesem Spiel verlieren?

Verborgenheit und Selbstoffenbarung Gottes

Uns kommt es – weiß Gott – gar nicht wie ein Spiel vor, daß Gott sich so sehr vor uns verbirgt, daß er sich so wenig „greifen" und antreffen läßt. Aber ist Gott denn nicht in seinem eingeborenen (einzig geborenen) Sohn Jesus Christus herausgetreten aus seinem „Versteck"? Hat er sich uns denn nicht in seinem Sohn ein für alle Mal gezeigt, so daß wir nicht länger darüber im Unklaren bleiben müßten, wer und wo er ist, wie er zu finden ist? Die Theologen sprechen von Jesus Christus als der endgültigen (eschatologischen) Selbstoffenbarung Gottes; und sie nehmen dieses Wort „Selbstoffenbarung" ganz wörtlich: Der Mensch Jesus von Nazaret ist nicht nur einer der Propheten, die auf Gott und sein Handeln in der Geschichte hinweisen; in ihm ist vielmehr Gott selbst unser Mitmensch geworden, in ihm zeigt uns Gott sein Innerstes, sein Wesen.

„Versteckte" Selbstoffenbarung

Und dennoch: Bleibt er uns nicht gerade so, wie er sich uns in Jesus Christus zeigt, zutiefst verborgen? Blieb er nicht den Zeitgenossen Jesu – von wenigen Ausnahmen abgesehen – in Jesus Christus so sehr verborgen, daß sie den „eingeborenen Sohn" nicht im Namen und in der Kraft des himmlischen Vaters, sondern in der Kraft Beelzebubs – des Verwirrers von Anfang an – handeln sahen (Mt 12,24)? Hat sich der Vater in der Selbstoffenbarung durch den Sohn nicht geradezu „versteckt"? Hat er seine Allmacht, seine herrscherliche Überlegenheit nicht versteckt in einem Leben der Ohnmacht und des Dienstes, in einem Leben auf dem „letzten Platz" – der Willkür der Mächtigen ausgeliefert; verspottet von denen, die sich von diesem Leben, von der Botschaft des „Menschensohnes", nicht aus dem Konzept bringen ließen? Ist der, der da am Kreuz so unübersehbar scheiterte, der, der „kommen soll", oder müssen wir nach einem anderen suchen (Mt 11,3), nach einem anderen, in dem Gott sich unzweideutiger und unübersehbarer zu erkennen gibt?
Gott macht es uns mit seiner Selbstoffenbarung nicht leicht. Er tritt nicht einfach hervor aus seiner Verborgenheit, so daß wir ihn von Angesicht zu Angesicht sehen könnten; er überwältigt

uns nicht mit seiner machtvollen Gegenwart, so daß wir gar nicht anders könnten, als auf sie uns auszurichten. Schon für das Alte Testament gilt ja: Man kann Gott nicht sehen und am Leben bleiben (Ex 33,18). Gottes machtvolle Gegenwart kann nur an den Spuren abgelesen werden, die sie in der Menschheitsgeschichte hinterläßt; sie ist nie unmittelbar „als solche" erfahrbar. Und deshalb kommt alles darauf an, Gott „auf der Spur" zu bleiben.

Die Spur Gottes: sein Wille geschieht

Aber wo und wie „legt" Gott Spuren, die ihn bezeugen und zu ihm führen? Die Spur Gottes wird greifbar, wo Gottes Wille offenbar wird und wo er – wie Jesus im „Vater unser" sagen wird – geschieht. Das ganze Alte Testament läßt sich wie der immer wieder neu einsetzende Versuch lesen, Gottes Willen zu ergründen und herauszufinden, wie er geschieht – in den Wechselfällen der Geschichte, im Handeln seiner Frommen. Wir Christen sehen in den Traditionen des Alten Testaments Spuren, die auf Jesus Christus hinführen, auf den, der mit seinen Jüngern und – seit Emmaus – mit uns allen den Weg Gottes durch die Geschichte geht, oft genug unerkannt und mißverstanden. Jesus Christus ist für uns die Spur Gottes in unserer Welt, die uns Gottes „Wesen" aufschließt; freilich nur, wenn wir ihr folgen...
Ist das nicht zu wenig: Jesus Christus, die Spur Gottes? Gewiß: er ist in *der* Weise Spur Gottes, daß in ihm Gott selbst durch die Geschichte geht, daß er selbst Gott – Gottes eingeborener Sohn – ist. Aber wie erfahren wir ihn denn als solchen? Wie erfuhren ihn die Jünger als den „Sohn"? Indem sie der Spur folgten, die er mit seiner Botschaft legte, die er mit seinem Leben für die Menschen selbst war; indem sie wahrnahmen, wie Gottes Wille durch ihn und in ihm geschah, zuletzt in Kreuz und Auferweckung. Jesus Christus ist die Spur Gottes – seine Selbstoffenbarung –, indem er Gottes Willen endgültig bekanntmacht und ihn an sich selbst – durch sich selbst – geschehen läßt.

Gottes Wille: unsere „Heiligung"

Viele Zeitgenossen, viele Menschen bis auf den heutigen Tag hat fasziniert, wie Jesus vom Willen des Vaters spricht: einfach und direkt, so, daß man ihm eigentlich gar nicht mehr ausweichen kann. Der Wille des Vaters: das ist nicht eine Fülle von Kultregeln und Reinheitsvorschriften; das ist nicht ein Korsett von Gesetzen, die das alltägliche Verhalten bis in die Kleinigkeiten regeln. Der Wille des Vaters geht nicht darauf, daß die Menschen alles Mögliche „für Gott" tun. Der Wille Gottes, das ist vielmehr unsere „Heiligung" (1 Thess 4,3); und geheiligt werden wir, wenn wir uns von Gottes Liebe ergreifen lassen und uns gegenseitig dazu helfen, „heile" Menschen zu werden. Das „Geheimnis seines Willens" ist uns in Jesus kundgetan (Eph 1,5); und es ist ganz einfach zu verstehen: „Alles nun, was ihr wollt, daß die Menschen es euch tun, das sollt ebenso auch ihr ihnen tun; denn das ist das Gesetz und die Propheten" (Mt 7,12). Handelt so, daß ihr eurem Nächsten – soweit es an euch liegt – zu gutem und wahrem, eben „heilem" Leben verhelft; denn das ist ja auch die Sehnsucht, die euch selbst auf die Hilfe eurer Nächsten angewiesen sein läßt.

Gott will, daß ihr euch gegenseitig aus eurem falschen Leben heraushelft; er will, daß ihr gemeinsam das wahre, „heile" Leben entdeckt, daß ihr es als Geschenk von ihm annehmt und ohne Ende daran teilhabt. Das Geheimnis des wahren, heilen Lebens aber ist die Liebe, die dem Nächsten wahrhaft gerecht wird, so wie sie ihm erlaubt, mir gerecht zu werden; die Liebe, die den anderen lebendig werden läßt und ihm Lebensraum gibt (MICHEL QUOIST: „Aimer, c'est faire exister l'autre"). Diese Liebe macht das Leben heil; sie ist das Geschenk Gottes an uns, von dem er will, daß wir es annehmen und uns von ihm zum wahren, „ewigen" Leben verwandeln lassen. Denn das ist der Wille des Vaters, „daß alle das ewige Leben haben" (Joh 6,40).

Gottes Vorhaben: die Herrschaft, in der die Liebe „herrscht"

Gottes Wille ist demnach nicht zuerst eine Forderung an uns, sondern ein Vorhaben mit uns und für uns; sein Plan, den er mit uns hat und den er auch durchsetzen wird. Die synoptischen Evangelien nennen dieses Vorhaben „Gottes Herrschaft"; und für sie ist Jesus Christus selbst das Unterpfand dafür, daß Gottes Wille – sein Vorhaben – Wirklichkeit wird. In Jesus Christus ist Gottes Herrschaft angebrochen; in ihm geschieht Gottes Wille. Er spricht nicht nur vom Willen des Vaters; er stellt sich diesem Willen ganz und gar zur Verfügung, so daß er geschehen kann. Und er geschieht so, daß Gottes Herrschaft anfängt, die Herrschaft, in der allein die Liebe herrscht. Er geschieht so, daß Jesus zum Zeichen wird für das verzeihende Entgegenkommen Gottes, für seine Solidarität mit den Armen und Unterdrückten. Er geschieht freilich auch so, daß der Sohn dem Kreuz nicht ausweicht, das ihm jene bereiten, die ihre eigene Herrschaft von Gottes Herrschaft nicht in Frage stellen lassen wollen. Gottes Wille geschieht schließlich in der Auferweckung des Sohnes: Gott unterwirft sich nicht dem Willen derer, die sich hier auf der Erde zur letzten Instanz machen können; er will nicht, daß das Menschengeschlecht im Gefängnis seines hilflosen Hasses eingesperrt bleibt; und er verschafft seinem Willen Geltung, indem er neu anfängt, wo die Menschen mit Gewalt den Schlußpunkt gesetzt haben; indem er seine Herrschaft offen hält, wo die Menschen sich ihr verschließen. Gott läßt seinen Sohn nicht im Reich des Todes, denn er will nicht, daß der Tod das letzte Wort hat.

Gott wird sichtbar, wo sein Wille geschieht

So offenbart sich Gott in seinem Sohn: indem er durch ihn seinen Willen kundtut und diesen Heilswillen an ihm geschehen läßt. Und so geschieht sein Wille: nicht zuerst in überwältigenden Machttaten, die keinen Zweifel daran lassen, daß Gott seinen Willen hier durchgesetzt hat, sondern in einem Leben, das sich ganz und gar von Gottes Vorhaben ergreifen läßt. Jesus Christus identifizierte sich so vollständig mit Gottes Willen, der ja sein eigener war, daß sein ganzes Leben keinen anderen Sinn hatte als den: Gottes Willen geschehen zu lassen und dadurch Spur Gottes in der Menschenwelt zu sein. So legt Gott seine Spur in der Geschichte, die Spur, die von ihm kommt und zu ihm zurückführt. Und an uns ist es, den Weg Jesu zu gehen – seiner Spur zu folgen –, an uns und durch uns Gottes Willen geschehen zu lassen, damit wir selbst ein wenig Spur Gottes werden; und damit uns immer wieder neu aufgeht, wie

Gott an der Spur, die Jesus Christus ist, in seinem Innersten für uns offenbar wird.

Wie Gott gefunden werden will

Vielleicht fällt von hier aus auch ein Licht auf die bedrängende Frage, warum Gott uns verborgen bleibt, auch in und nach seiner Selbstoffenbarung in Jesus Christus. Wer die Spur, die Jesus Christus ist, nicht zu lesen vermag, für den verliert sie sich im Dunkel der Geschichte, im Gewirr der vielen Spuren, die ja schließlich doch alle vom Sand zugeweht werden. Die Spur Jesu kann aber nur lesen, wer seinen Weg „ausprobiert"; wer in seiner Spur Gott und seinem Willen – dem heilen Leben in Gottes Herrschaft – auf der Spur bleiben will. Wer Jesu Weg ausprobiert, der wird sich davon überzeugen können, daß Gottes Wille geschieht; der wird dafür gewonnen, Gottes Willen – unsere „Heiligung" – im eigenen Leben geschehen zu lassen; der wird Gott als den kennenlernen, der die Liebe will, weil er nichts als Liebe ist.
So und nicht anders will Gott gefunden werden. Er drängt sich nicht mit seiner machtvollen Präsenz in unser Leben; er überwältigt uns nicht, so daß wir ihm gar nicht „auskommen" könnten. Er will uns für sich und seinen Willen gewinnen; er will uns davon überzeugen, daß es gut ist, wenn sein Wille geschieht und wenn er auch an uns – durch uns – geschieht. Und deshalb lockt er uns auf die Spur seines Sohnes: Wir sollen mit dem Weg Jesu gute, verheißungsvolle Erfahrungen machen und seinem – unserem – Vater zutrauen, daß dieser Weg zum Ziel führt, weil Gott seinen heilschaffenden Willen durchzusetzen weiß.

Die „diskrete Wesensart" Gottes

Gott spielt nicht mit uns Verstecken, um uns „zappeln" zu lassen: um uns mutwillig im Unklaren zu lassen und auf Distanz zu halten. Er ist ja ganz nahe bei uns, wenn wir den Weg Jesu gehen. Aber er will gesucht und immer wieder neu gefunden werden auf den Spuren, die zu seinem „eingeborenen Sohn" hinführen; in Jesus Christus, der die Spur Gottes in unserer Welt ist; auf den Spuren, die von Jesus Christus her in unsere

Zeit und in die Zukunft Gottes führen. Er will erkannt werden von denen, die sich dafür gewinnen lassen, sich seinem Willen zur Verfügung zu stellen, damit er an ihnen und durch sie geschehe.

Das ist die diskrete Wesensart Gottes, der uns nicht von außen oder von oben her zwingen, sondern – in seinem Heiligen Geist – von innen her gewinnen und bewegen will, auf seinen Willen einzugehen und so an seiner Herrschaft teilzunehmen. Was das ist – Gottes Wille –, wie er geschieht und wie es sein wird, wenn er sich – „im Himmel und auf Erden" – durchgesetzt haben wird, das können wir an Jesus Christus, seinem eingeborenen Sohn, ablesen.

IV. Die erzählte Passion

1. Was bleibt da zu erzählen?

Wer zu erzählen versucht, der fügt sich nicht einfach einem zum Verstummen bringenden und das Wort abschneidenden Schicksal. Er „sieht mehr" als den „blinden" Ablauf der Ereignisse. Erzählen heißt: der Übermacht der *bruta facta* – der brutalen Fakten – widerstehen; heißt: wenigstens anfanghaft zu begreifen versuchen, was da vor sich ging. Es wäre wohl schon zuviel gesagt, wollte man behaupten, das Erzählen stifte oder erfasse den Sinn, der in den Ereignissen liege. Aber es wird doch so sein, daß es eine – mehr oder weniger – dramatische Geschehenskonsequenz zu artikulieren versucht. Erzählenswert sind Vorgänge, die mir (uns) etwas bedeuten. Immer wieder neu und immer wieder anders erzählt werden Ereignisse und „Geschichten", die meine (unsere) Identität mit ausmachen und ausdrücken. Erzählt wird die Botschaft dieser Ereignisse für uns; zumindest miterzählt wird, wofür sie stehen und sprechen, eben: was sich in ihnen ausdrückt.

Von einem Menschen erzählen, das kann natürlich bedeuten, herzerfrischende Anekdoten oder lustige Begebenheiten zum Besten geben. Aber auch sie erzählt man nur, weil sie den „Helden" gut charakterisieren, weil sie ihn in seinem Element zeigen. Anspruchsvollere Erzählung versucht darzustellen, wer oder was der Dargestellte sein wollte, worum es ihm ging und wie sein „Lebensentwurf" in Konflikt geriet mit dem, was ihm widerfuhr, wie sein Leben gerade im Austragen dieses Konfliktes seine spezifische Gestalt und seine Spannung gewann, vielleicht auch, wie es in ihm zerbrach. Anspruchsvollere Erzählung will erzählend der Ich-Botschaft eines Menschen, ja seiner Passion auf die Spur kommen: seiner Leidenschaft, seinem inneren Feuer, auch dem Leid, dem er sich damit aussetzte.

Erzählungen sind umso anspruchsvoller, je weniger sie sich auf Deutungsklischees festlegen, je mehr sie die innere Dramatik eines Lebens zum Ausdruck bringen können, je weniger sie darauf angewiesen sind, Zwiespältigkeiten zu „vereindeutigen", Brüche zu verdecken, Spannungen zu verschleiern, je weniger

sie der Versuchung erliegen, Unebenheiten zu glätten und abgründige Erfahrungen einzuebnen. Aber versagt das Erzählen nicht doch spätestens da, wo alles zusammenbricht und abbricht? Wie kann man Tod, Scheitern, Folter erzählen, ohne bloß noch der Lust am Unglück anderer nachzugeben und Befriedigung zu verschaffen – oder gegen die brutalen Fakten ein gutes Ende zu behaupten, zu behaupten, daß dies doch noch zu etwas gut sei? Wie also gehört der Tod, wie gehören Schmerz und Verzweiflung hinein ins Erzählen?
Wenn die Botschaft eines Menschenlebens erzählend zum Ausdruck gebracht werden soll, so ist das Scheitern wohl unwiderlegbar das Dementi dieser Botschaft. Aber wann – warum – muß ein Tod als Scheitern erzählt werden? Ist er es immer? Kann er nicht auch ein „Schlußakkord" oder wenigstens der Schlußpunkt nach einem in sich sinnvollen und überzeugenden „Text" sein? Das Erzählen läuft hier ein hohes Risiko: Wie weit reicht seine Deute- und Darstellungskompetenz, und wo beginnt es, die *bruta facta* so zu verkleiden, daß man mit ihnen weiterleben kann?
Die Krise des Erzählens, jeden Erzählens, ist der Erzählursprung der Evangelien. Sie sind – wie die Exegeten gelegentlich formulieren – Passionsgeschichten mit langer Einleitung. Sie erzählen die Geschichte Jesu auf ihr Ende zu; sie erzählen die Passion Jesu – seine Leidenschaft, das, was ihn zuinnerst bewegt und herausgefordert, was ihn in die Krise geführt hat, was seinen Weg bestimmt und markiert hat – auf seine Passion hin. Sie erzählen Jesu Weg nach Jerusalem – in die Passion – als von ihm gewollte und angenommene Geschehenskonsequenz, als den Weg, von dem er wußte, daß er ihn um seiner Sendung willen – nach dem Willen des Vaters – gehen mußte. Mußte? Unterstellen die Erzählungen nicht nur deshalb eine göttliche Geschehenskonsequenz, einen im Tod Jesu sich erfüllenden göttlichen Willensratschluß, weil sie diesen Tod nicht als Dementi stehenlassen können, weil sie ihn einbeziehen wollen in das „zu unserem Heil" *so* Verfügte?
Das ist die Krise des Erzählens: daß es auf einen in den *bruta facta* liegenden Sinn zurückweicht, weil ansonsten die Fakten zum Dementi werden. FRIEDRICH NIETZSCHES Kritik solcher Sinnbeilegung aus „Schwäche" hat nichts von ihrer entlarvenden Präzision eingebüßt:

„Wer seinen Willen nicht in die Dinge zu legen vermag, der Willens- und Kraftlose, der legt wenigstens noch einen *Sinn* hinein: d.h. den Glauben, daß schon ein Wille da sei, der in den Dingen will oder wollen soll" (Nachgelassene Fragmente Herbst 1887, KSA 12, 366).

Bietet nicht gerade die kirchliche Erlösungslehre Belege genug für NIETZSCHES These? War sie nicht allzu wenig verlegen in jener „Kunst der Interpretation" (ebd.), die aus der Katastrophe die höchst sinnvolle, rettende göttliche Tat machte, weil man ihr anders nicht gewachsen gewesen wäre? Aber man wird auch die Gegenrechnung anstellen dürfen: Wer den „Sinn" des Geschehenen immer nur und immer schon in Handlungssinn aufheben, als Herausforderung an sinnstiftendes Tun ergreifen will, der hat eine keineswegs selbstverständliche Vorentscheidung darüber getroffen, was die Fakten bedeuten, was in ihnen greifbar wird, wofür sie stehen. Er suggeriert, daß die *bruta facta* doch nur die brutale Entschlossenheit derer herausfordern sollen, die ihnen gewachsen sein wollen. Ist das nicht doch nur die Umkehrung des Kritisierten: Sinnzuweisung in der Attitüde des geschichtsmächtigen Übermenschen?

Das Erzählen hat ein breiteres Repertoire im Umgang mit dem Geschehen, ein breiteres Sprachrepertoire mit sehr viel mehr Möglichkeiten, auf die vom Geschehen aufgeworfenen Fragen zu antworten. Da gibt es gewiß auch das Erzählen aus der Perspektive des geschichtsüberlegenen „Machers", aus der man dann nachzeichnen kann, warum die Dinge so und nicht anders kommen mußten – wie derjenige, der sie letztlich anordnete und lenkte, sie „gemeint" hat. Es gibt aber auch Erzählformen und Erzähl-„Logiken", die die dramatische Geschehenskonsequenz nicht gleichsam deduktiv entfalten wie die Realisierung eines vorweg konzipierten und gewußten Planes, sondern nach ihr *suchen*; Erzählformen, denen man den Widerstand gegen die Zumutung noch anmerkt, das Geschehene fraglos resigniert einfach nur hinzunehmen und stehenzulassen; den Widerstand gegen die Geschichtsmächtigen, die die Fakten setzen und damit den Anspruch verbinden, sie könnten die Lebensbotschaft – die „Sendung" – eines Menschen nach Belieben durchstreichen oder seine Identität durch ihre Tat umdefinieren. Solches Erzählen ist subversiv. Es erzählt an gegen das Urteil derer, die ihre Definitionsmacht durchsetzen und ihre Entscheidung über Sinn oder Unsinn in die Sprache der Fakten übersetzen konnten. Erzählen bedeutet hier nicht, Gewußtes anderen zur Kenntnis zu geben. Es entwickelt sich als Infragestellen, als Suche nach einer Botschaft, die von dem, was sich in den Fakten durchsetzte, nur in den Hintergrund oder Untergrund verdrängt, nicht aber widerlegt werden konnte. Es entwickelt sich im Öffnen und Offenhalten einer Geschichte, einer „Affäre", die nach dem Willen der Geschichtsmächtigen mit Definitionsmacht längst zu Ende gebracht und entschieden sein sollte. Es bewahrt die Geschichte vor den Schlußmachern und hält sie offen für die Ahnung, hier habe sich noch anderes ereignet als das so offensichtlich und selbstverständlich Wahrnehmbare; hält sie offen für Gott und sein Handeln.

Liest man die Passionsgeschichten der Evangelien mit Aufmerksamkeit für ihren Erzählstil, so kann einem aufgehen, wie – zumindest in den frühen Überlieferungsstufen – noch nicht die weit ausgreifende Deutung des Geschehenen als Realisierung eines Heilsplans die Erzähllogik bestimmt, sondern die tastende Frage danach, wie der Tod des Messias so zu seiner Sendung hinzugehört, daß er sie nicht widerlegt. Man wird aufmerksam auf die immer wieder neu ansetzenden Versuche, dieses Zusammengehören nicht nur festzuhalten, sondern irgendwie in dem, was geschehen ist, aufzufinden und aufgrund dessen, was die Heiligen Schriften vom Gott Israels überliefern, wenigstens anfänglich verstehbar zu machen.

Die Deutung des „So mußte es kommen" gewinnt schnell die Oberhand; zu groß war das Bedürfnis der Glaubenden, den Zusammenhang zwischen dem von Menschen verhängten Todesschicksal Jesu und dem von Gott zum Heil der Menschen Gewollten und Gewirkten möglichst eng zu knüpfen. Aber die Prägnanz der Erzählung bewahrt die bedrängende Offenheit der Fragen, das Ringen um Verstehen, die Ratlosigkeit der Klage auf. Die Erschütterung Jesu, wie sie noch das Johannesevangelium überliefert („Jetzt ist mein Leben durcheinandergeraten. Und was soll ich sprechen: 'Vater, rette mich aus dieser Stunde'?"; Joh 12,27 in der Übersetzung von FRIDOLIN STIER), ist nicht einfach überholt vom abgeklärt wissenden Gleichniswort vom Weizenkorn, das in die Erde fallen und sterben muß (12,24). Die Bitte an den Vater im Garten Getsemani: „Alles ist dir möglich, führ diesen Becher an mir vorüber" (Mk 14,36 parr.) verliert nicht ihre „Unerhörtheit" und Hilflosigkeit, da der Sohn von vornherein in den Willen des Vaters einstimmt und dieser ihm – nach Lk 22,43 – einen Engel zur Stärkung sendet; die Todesangst überfällt ihn trotz dieser Stärkung (V 44). Und das letzte Gebet Jesu bleibt eine unaufgelöste Klage: „Mein Gott, mein Gott, warum hast du mich im Stich gelassen"! (Mk 15,34 nach Ps 22,2). Die Erzählung greift über jede „Auflösung" hinaus, sie kommt ihr immer schon zuvor; und sie wird nicht eingeholt von dem, was an theologischer Deutung in sie eingeht.

2. „Negative" Soteriologie?

Die Passionsgeschichten entfalten in, hinter und unter den vielfältigen Bezugnahmen auf biblische Überlieferungen und Glaubensbilder der Zeit so etwas wie eine „negative" Soteriologie – negativ nicht im Sinne der Ablehnung jeder Soteriologie, sondern der Nichtfestgelegtheit auf eine das Geheimnis auflösende Antwort, der „Nicht-Affirmation" einer soteriologischen Erklärung des Geschehenen. Erzählen heißt auch hier *widerstehen*: der Macht der Fakten und derer, die sie setzen, widerstehen. Was Menschen gegen Gott an Wirklichkeit setzen, das hat – selbst wenn es die Wirklichkeit des Todes sein sollte – keinen Bestand, keine Endgültigkeit. Erzählt wird, wie Gott menschlichem Endgültigkeits- und Definitionsanspruch widersteht. Erzählt wird, wie das, was nach dem letztinstanzlich sein wollenden Urteil von Menschen gelten sollte, vor Gott keine Gültigkeit hat – keinen Bestand hat, weil *er* sich als die letzte Instanz erweist. Die theologisch verdichtete Kurzerzählung der Passion Jesu in den Petrusreden der Apostelgeschichte ist untergründig noch ganz von dieser Erzähllogik bestimmt:

„Jesus, den Nazoräer, den Gott vor euch beglaubigt hat durch machtvolle Taten, Wunder und Zeichen, die er durch ihn in eurer Mitte getan hat, wie ihr wißt – ihn, der nach Gottes beschlossenem Willen und Vorauswissen hingegeben wurde, habt ihr durch die Hand von Gesetzlosen ans Kreuz geschlagen und umgebracht. Gott aber hat ihn von den Wehen des Todes befreit und auferweckt; denn es war unmöglich, daß er vom Tod festgehalten wurde" (Apg 2,22-24; vgl. Apg 4,10; 5,30; 10,39f.).

Das Gegensatzschema, das hier greifbar wird („ihr – Gott

aber") bestreitet eine Plausibilität, nach der der am Holz (am Pfahl) Aufgehängte auch der von Gott Verfluchte sein mußte (vgl. Gal 3,13, wo auf Dtn 21,23 Bezug genommen ist). Diese Plausibilität ist ja zunächst einmal durchaus naheliegend. Ist das Urteil des „Schicksals" – das Urteil derer, die die Macht haben, es in Gottes Namen zu vollstrecken – denn nicht Gottes eigenes Urteil? Ist das schlimme Ergehen – das Ende als Verbrecher – denn nicht die legitime, geradezu zwangsläufige Konsequenz eines verfehlten Lebens, eines maßlosen, gotteslästerlichen Anspruchs?

In der Bibel wird gegen die Zwangsläufigkeit eines solchen Tun-Ergehen-Zusammenhangs immer wieder auch als Glaubens-Erfahrung geltend gemacht, daß die Gerechten unverdient leiden, daß also das Leidenmüssen gerade nicht auf eine entsprechende Verfehlung zurückschließen läßt, ja daß gerade die Gerechten „viel leiden" müssen; so im Psalm 34, auf den etwa in Mk 8,31 deutlich Bezug genommen wird:

„Die Augen des Herrn blicken auf die Gerechten,
seine Ohren hören ihr Schreien ...
Schreien die Gerechten, so hört sie der Herr,
er entreißt sie all ihren Ängsten.
Nahe ist der Herr den zerbrochenen Herzen,
er hilft denen auf, die zerknirscht sind.
Der Gerechte muß viel leiden,
doch allem wird der Herr ihn entreißen" (Ps 34,16.18-20).

Es ist Anlaß der *Klage*, daß den Gerechten ihr Recht bestritten wird – aber eben auch Anlaß *bittender Zuversicht*, die Rechtsbeugungen der Menschen könnten vor dem gerechten Gott keinen Bestand haben. So darf der ungerecht Verfolgte sich sagen lassen: „Er bringt deine Gerechtigkeit heraus wie das Licht und dein Recht so hell wie den Mittag" (Ps 37,6).

Der Herr überläßt den Gerechten nicht der Hand der Rechtsbrecher, er „läßt nicht zu, daß man ihn vor Gericht verurteilt" (Ps 37,33). Aus dieser Zuversicht heraus darf der ungerecht Verfolgte um seine „Erlösung" – seine Auslösung aus dem Verhängnis ungerechter Verfolgung – bitten: „Verschaff mir Recht, und erlöse mich; nach deiner Weisung erhalte mein Leben!" (Ps 119,154)

Es ist die „Auslösung" aus der Herrschaft des Unrechts, *seine*

Erlösung, um die der Beter den Herrn der Gerechtigkeit hier anfleht. Aber gewiß war (und ist) es auch so, daß die Errettung des Gerechten – seine Wiedereinsetzung in sein Recht – den mit ihm Verbundenen zur Ermutigung wurde, für sich selbst auf den Herrn der Gerechtigkeit zu setzen und daran zu glauben, daß er sich das Recht der letzten Instanz nicht wird streitig machen lassen – selbst wenn die „Ungerechten" die Macht haben sollten, in dieser Welt das letztentscheidende Wort zu sagen. Die Kontrastformel der Apostelgeschichte spricht von diesem Vertrauen; und sie spricht davon im Blick auf den ums Leben gebrachten Messias. Darf man von diesem leidenden Gerechten aber nicht noch mehr sagen? Darf man aufgrund der Erfahrung, daß der Vater ihn der Macht des Unrechts und des Todes entrissen hat, nicht auch sagen, sein Tod sei – weil er nicht das Letzte war – heilsam für die Menschen, die wie er den Weg der Gottesgerechtigkeit gehen wollen? Mit einer vermutlich vorpaulinischen Formel spricht der Römerbrief von der Heilsbedeutung des Glaubens an Jesus Christus, den Gekreuzigten und Auferweckten: Weil er nicht im Tod geblieben ist, deshalb ist in ihm Heil; deshalb dürfen die, die sich zu ihm bekennen, sich in der Gemeinschaft mit ihm Heil erhoffen:

„Wenn du mit deinem Mund bekennst: 'Jesus ist der Herr' und in deinem Herzen glaubst: 'Gott hat ihn von den Toten auferweckt', so wirst du gerettet werden" (Röm 10,9).

Die Heilshoffnung verbindet sich hier mit der Glaubenseinsicht, daß die Auferweckung des Gekreuzigten, seine „Einsetzung in die Herrschaft", gleichbedeutend ist mit der Überwindung des Todes (vgl. P. FIEDLER, Jesu Leiden – uns zugute, in: Religionsunterricht an höheren Schulen 29 [1986], 8-12, hier 9). Der Weg zu dieser Glaubenseinsicht war gebahnt durch alttestamentliche und jüdische Hoffnungs-"Figuren", in denen die Hingabe des Propheten oder des Märtyrers an seine Sendung bis in den Tod nicht nur für ihn selbst, sondern auch für die ihm Verbundenen, für das Volk, als heilvoll verstanden wurde. Vor allem wäre hier an den Gottesknecht im Jesajabuch zu denken, von dem es im vierten Gottesknechtslied heißt:

„... er hat unsere Krankheit getragen,
und unsere Schmerzen auf sich geladen.
Wir meinten, er sei von Gott geschlagen,

von ihm getroffen und gebeugt.
Doch er wurde durchbohrt wegen unserer Verbrechen,
wegen unserer Sünden zermalmt.
Zu unserem Heil lag die Strafe auf ihm,
durch seine Wunden sind wir geheilt.
Wir hatten uns alle verirrt wie Schafe,
jeder ging für sich seinen Weg.
Doch der Herr lud auf ihn
die Schuld von allen" (Jes 53,4-6).

Der Gottesknecht ist gerecht und „macht die vielen gerecht" (Jes 53,11). Ihre Sünden hat er getragen, so „trat (er) für die Schuldigen ein" (V 12c). Im zweiten Gottesknechtslied ist der Gottesknecht als Inbegriff des Bundes angesprochen:

„Ich habe dich geschaffen und dazu bestimmt,
der Bund zu sein für das Volk,
aufzuhelfen dem Land
und das verödete Erbe neu zu verteilen" (Jes 49,8bc).

Schon die formal-rhetorische Parallele zu den Petrus-Reden der Apostelgeschichte – das hier wie dort verwendete Kontrastschema (wir meinten – doch) – läßt erkennen, wie naheliegend für die Kirche des 1. Jahrhunderts nicht nur die Kontrastbehauptung in der Apostelgeschichte war – der als Ungerechter Hingerichtete ist der von Gott ins Recht Gesetzte –, sondern darüber hinaus auch die in Jes 53 vorgezeichnete soteriologische Aussage, der leidende Gerechte leide *für* die Sünder, um ihres Heiles willen. Eine ganze Anzahl jüdischer Quellen der Zeit von ca. 100 v. Chr. bis 150 n. Chr. belegt die Vorstellung, das Blut der Gerechten – der Märtyrer, der Propheten – habe „für ganz Israel gesühnt" (H.L. STRACK/P. BILLERBECK, Kommentar zum Neuen Testament aus Talmud und Midrasch, Bd. 2, München ^{8}1983, 279). So betet der sterbende Greis Eleazar im 4. Makkabäerbuch (aus dem 1. nachchristlichen Jahrhundert): „Laß dir die Strafe genügen, die wir für sie erdulden. Zu ihrer Läuterung laß ihnen mein Blut dienen, und als Ersatz für ihr Leben nimm mein Leben hin" (6,27-29). Und das Gebet des Asarja in Dan 3,26-45 nimmt ausdrücklich Bezug auf Sühnertiten am Tempel: „Wie Brandopfer von Widdern und Stieren, wie Myriaden fetter Lämmer, so soll unser (Selbst-)Opfer vor dir heute sein und dich versöhnen" (3,39f.).

Frühe Texte des Neuen Testaments – wie etwa der Römerbrief – interpretieren solche Vorstellungen christologisch-soteriologisch. Aber es ist wichtig zu sehen, daß damit nicht einfach schon eine normative Soteriologie entworfen ist. Der Weg zur Sühnesoteriologie ist gewiß auch der Weg zu einem Christentum, in dem das Heil zunehmend als Verschonung der Glaubenden vor dem kommenden Strafgericht aufgrund des stellvertretenden Leidens des Messias verstanden wird. Wo – wie eben vor allem in den erzählenden Texten – das Todesschicksal Jesu im Bild des gemordeten Propheten und des leidenden Gerechten dargestellt und meditiert wird, da bleibt noch das Thema Gottesgerechtigkeit als Widerspruch Gottes gegen die Urteile – das herrschende Unrecht – der Menschen im Vordergrund, da wird der gekreuzigte Messias noch deutlicher als „Figur" des Widerstandes (Gottes) gegen die Herrschaft der Ungerechten (des Satans) und der Ungerechtigkeit zur Sprache gebracht. Gottes Herrschaft ist eben nicht die Verlängerung oder Überhöhung der Herrschafts- und Legitimationsstrukturen, die „diese" (Lebens-) Welt nach den Interessen der in ihr zur Herrschaft Gelangten ordnen. Sie entzieht sich und widersteht einer Logik, die es um der Gerechtigkeit willen geboten erscheinen läßt, Menschen bis auf den Tod zu quälen und um jeden Preis zum Schweigen zu bringen. Der leidende Gerechte, dessen Tod die End-Gültigkeit dieser Logik besiegeln soll, wird als der auferweckte Gekreuzigte zur Gegeninstanz, zum vollmächtigen Widerspruch Gottes gegen die Ordnung, die seinen Tod herbeiführte, zum Zeugnis dafür, daß die Menschen auch mit dem Äußersten, das in ihrer Macht steht, das von Gott her Mögliche nicht vereiteln können.

Die Erinnerung an diesen Tod und daran, daß der hier zu Tode gebrachte Gerechte in Gott hinein starb und auferstand, ist eine „gefährliche Erinnerung" (JOHANN BAPTIST METZ), da sie Menschenherrschaft von Grund auf entmythisiert: Sie ist *nichts als* Menschenherrschaft, Ausübung von Zwang – normalerweise zur Absicherung des eigenen Vorteils, bestenfalls zur Aufrechterhaltung einer Machtbalance, die es nicht zu illegitimer, offener Gewalttätigkeit kommen läßt. Menschenherrschaft ist nicht Gottesherrschaft; sie ist nicht einmal auf sie hingeordnet, sie ist ihr feindlich – auch wenn sie notwendig sein mag, um die Not der gemeinsamen Lebensbewältigung erträglich zu halten.

Wenn es angesichts der Eigendynamik der Menschenherrschaft für Menschen eine Hoffnung über die Hoffnung hinaus gibt, zu den Überlebenden und nicht zu den Opfern zu gehören, so nur deshalb, weil Menschenherrschaft eben *nicht* Gottesherrschaft ist und Gott seine Herrschaft nicht an die Menschen abtritt – wie der Glaubende an dem zum Opfer der Menschen gewordenen „Sohn Gottes" ablesen kann.

Aber sein Kreuz zeigt eben auch dies: daß Menschenherrschaft lebens-gefährlich ist, daß sie sich nur stabilisiert, weil sie dem Leben gefährlich werden kann und deshalb zu fürchten ist. Die Herrschaftsexzesse unseres Jahrhunderts sollten die Machthaber als Herren über Leben und Tod vergöttlichen – als Herren über Geschichte und „Evolution", als „Züchter" des neuen, allein noch zukunftsfähigen Lebens. An ihnen wurde sichtbar, mit welcher Konsequenz Menschen auslöschen und zunichte machen können – und mit welchem „göttlichen" Anspruch. Überlagert *diese* Erinnerung nicht doch die Erinnerung an das Kreuz des Messias, wird sie ihr nicht deshalb glaubens-gefährlich, da angesichts dessen, was Menschen vermögen, *der* immer ungreifbarer, unglaubbarer zu werden scheint, der dieses Äußerste nicht das „Letzte" sein läßt – und es doch geschehen läßt? Die Entmythisierung der Menschenherrschaft: schlägt sie nicht um in die endzeitliche, endgültige Enttäuschung einer Hoffnung über das Menschenmögliche und von Menschen unmöglich Gemachte hinaus? Oder kann die Erinnerung an den am Kreuz leidenden Gerechten auch dieser Enttäuschung noch einmal gefährlich werden – sie als eine Enttäuschung in Frage stellen, die eben nicht mehr zu rettender Initiative herausfordert, sondern zum resignierten Einverstandensein mit dem verführt, was sich sowieso durchsetzt? Ist die gefährliche Erinnerung des Glaubens zuletzt gerade darin gefährlich, daß sie die Opfer daran hindert, am Ende doch mit ihrem Opfersein einverstanden zu sein, um so vielleicht noch das Beste daraus zu machen? Entmythisierung des Letzten, wozu Menschen ihre Macht einsetzen können: es wäre Entmythisierung jeden „Sinnes", der in den Katastrophen gerettet und als „Krankheitsgewinn" von den Opfern noch eingeheimst werden könnte; es wäre das Eingeständnis, daß Menschen sich selbst zur Absurdität verurteilen, wenn sie aus dem Schlimmsten *das Beste* zu machen versuchen.

Die Lebens-Kunst, „das Beste daraus zu machen", ist damit nicht ins Unrecht gesetzt – aber eben doch entmythisiert: Sie kann nicht jene Gegeninstanz zur todbringenden Logik der Menschenherrschaft sein, die dieser Logik in ihrer Tödlichkeit gewachsen wäre. Und deshalb steht sie unvermeidlich in der Gefahr, auch selbst von ihr beherrscht zu werden. Die Erinnerung des Kreuzes erinnert zuletzt noch daran, daß jeder Mythos seine Kraft verliert, wenn das Letzte geschieht, dessen die Menschen fähig sind, und daß dann die Frage unabweisbar wird, ob dieses Letzte das Letzte ist, ob die Logik, die sich in ihm erfüllt, *wahr* ist – der Wirklichkeit entspricht – oder Lüge ist, die die Wirklichkeit so arrangiert, daß der Lügner sich der Wahrheit nicht stellen muß.

Der auferstandene Gekreuzigte fordert den Wagemut heraus, auf eine Wirklichkeit zu setzen, die sich nicht mit der gleichen, übermächtig-schrecklichen Präsenz beweisen kann, wie die von der Logik der Menschenherrschaft bestimmte. Ihre Präsenz ist die Präsenz Gottes in seinem Geist, der den zu Tode Gefolterten auferweckte; die Präsenz des Heiligen Geistes, der sich als der heilige – heilende – erweist, da er die Glaubenden bereit macht, mehr für möglich zu halten, als sie sich selbst zutrauen würden, mehr, als sie der „Welt" zutrauen dürften.

3. Biblische Besinnung: Von Gott und der Welt verlassen?

3.1 Tag der unerhörten Gebete (Lk 22,39-46)

Jesus – unerhört

Der Gründonnerstag hat uns das Bild des Bechers – des Kelches – vor Augen gestellt, der im Abendmahlsaal von den Mahlgenossen geteilt wird; des Kelches, den Jesus bis zur Neige leeren muß. Im Garten von Getsemani fleht er seinen Vater im Himmel an, dieser Kelch möge doch an ihm vorübergehen. Aber der Himmel scheint verschlossen über ihm. Das rätselhafte Bild des Engels, der ihm den Kelch reicht – steht es nicht einfach für die bittere Tatsache, daß er den Kelch doch annehmen muß, daß er nicht an ihm vorübergeht?

Vielen Christen erschien das Ölberggebet Jesu unerhört, zutiefst anstößig. Wußte Jesus denn nicht, daß er am Kreuz leiden *mußte*, daß er das Kreuz – für seine Menschenschwestern und -brüder – würde auf sich nehmen müssen? Wußte er denn nicht, daß der Vater sein Gebet gar nicht erhören konnte? Ein unerhörtes Gebet – „unerhört" im genauen doppelten Wortsinn. Es ändert nichts, jedenfalls auf der Ebene der Fakten. Das schreckliche, tödliche Geschehen nimmt seinen Lauf. Ein unerhörtes Gebet aber auch, weil es den Vater im Himmel vor die Zumutung zu stellen scheint, zu ändern, was doch nicht zu ändern ist – ein unerhörtes Gebet im Munde Jesu, des Christus.

Sich Gott zumuten

Das Gebet Jesu ist eine Zumutung für den Glauben vieler Christen. Nicht auch für den Vater, der es gar nicht erhören kann? Der Karfreitag ist der Tag dieses unerhörten Gebets, der Tag seiner Nicht-Erhörung; der Tag, an dem es sich als unerhört herausstellte. Für uns könnte es der Tag der vielen unerhörten Gebete sein, die Tag für Tag den Vater im Himmel bedrängen, belästigen, sich ihm zumuten – und doch ohne sichtbare Wirkung bleiben. Wie viele Menschen haben Jesus die Ölbergbitte nachgesprochen, der Kelch möge vorübergehen, ihr Kreuz von ihnen genommen werden! Wie viele Menschen haben dieses Gebet ebenso erfolglos gesprochen wie der, der es ihnen vorgesprochen hat:

– Kranke in Todesnot;
– Verfolgte angesichts der zynischen Menschenverachtung ihrer Verfolger;
– Liebende beim Scheitern ihrer Liebe;
– Eltern, die ihr Kind nicht davor zurückhalten konnten, sein Leben zu zerstören.

Unerhörte Gebete, oft nur noch Klagen, die sich Gott zumuten, die Gott das Scheitern zumuten und die Katastrophe, die ungehemmt ihren Lauf nimmt; die sie ihm in die Ohren schreien – vielleicht auch nur deshalb, weil er der Einzige ist, der hören *muß*, der sich nicht abwenden kann.

Gehörte Klagen?

Vielleicht ist das ja schon Evangelium – *Frohbotschaft* – in der Antwortlosigkeit des Karfreitags: daß Gott dafür da ist, mit solchen Klagen belästigt zu werden; daß er genau dafür da ist, sich diese unerhörten Klagen zumuten zu lassen, zu hören, wo sonst keiner mehr hinhört. Vielleicht ist es dies, was der Karfreitag, was Jesu unerhörtes Gebet uns bedeuten kann: die Ermutigung, Gott zu klagen, was es hier und heute zu klagen gibt – in den großen Fürbitten des Karfreitags; Ihn klagend zu fragen, warum es so kommen mußte, warum es immer noch dauert, erbarmungslos dauert. Wir werden auf unser Fragen vielleicht keine Antwort finden. Es wird wahrscheinlich ohne Lösung bleiben. Aber ungehört wird es nicht bleiben. Der Engel mit dem Kelch in Getsemani steht dafür, daß der Vater im Himmel ein offenes Ohr hat, auch wenn der Himmel verschlossen scheint. Gewiß ein durch und durch rätselhaftes, geheimnisvolles Bild.

Unerhörte Bitten – unbeantwortete Fragen

Es gibt uns zu denken, wie es ist, wenn Gott hört; was es bedeutet, wenn er er-hört, ohne uns zu Willen zu sein und unseren Fragen die lösende Antwort zu geben. Es fragt uns, ob und wie *wir* vor Gott mit unseren unerhörten Klagen und unbeantworteten Fragen leben, dann auch in ihn hinein sterben können; ob und wie wir darauf verzichten können, uns auf schwer erträgliche Fragen die Antwort eilfertig selbst zu geben.
Wer kennt nicht diese Versuchung: die schlimmen Fragen durch eine „alles lösende" Antwort zu beruhigen, sie „unschädlich" zu machen, damit man wieder ruhig schlafen kann – den Schlaf der zur Ruhe gekommenen Geängstigten, den Schlaf der Jünger in Getsemani. Wer würde sich nicht immer wieder nach diesem Schlaf sehnen – in der quälenden, von beunruhigenden Fragen bedrängten Wachheit, in der man die Augen nicht schließen kann!
Vielleicht hat sich auch die Theologie mit ihrer Erlösungslehre zu eilfertigen, selbstfabrizierten Antworten verführen lassen, wo Gott selbst keine Antwort gab. Vielleicht hat sie zu schnell gewußt, warum der Karfreitag sein *mußte*, von Gott geradezu „eingeplant" war. Vielleicht auch hat sie gerade deshalb Jesu

unerhörte Ölbergbitte so nicht stehenlassen können und sie zum bloßen Lehrbeispiel für die demütige Unterwerfung unter den Willen des Vaters „umfunktioniert". Vielleicht auch sollten Frömmigkeit und Theologie frage- und klagemutiger werden, mehr Zutrauen fassen zum Gott des antwortlos, aber nicht klaglos gekreuzigten Jesus: Ihm dürfen sie sich zumuten mit ihren klagenden Fragen; ihn dürften sie bedrängen mit fragender Ungeduld. Ihn dürften sie zur Rede stellen, wie einst Hiob. Und – wer weiß – vielleicht würde er dann auch sprechen.

3.2 Verachtet – kein Mensch (Ps 22,1-19)

Ein Wurm

Da geht einer einen schweren Gang – um ihn herum Geschrei, Gejohle. „Gehen" – das ist schon zuviel gesagt. Er schleppt sich vorwärts; sie schleppen ihn vorwärts, dorthin, wo sie ihn haben wollen.
„Ein König" – so sagt er von sich selbst. Ein lächerlicher König. Ein Wurm, kein Mensch; verachtet von den Leuten, ein wohlfeiles Ziel ihres Spotts. Sie wußten immer schon, wer er ist: eine aufgeblasene Null.

Fertiggemacht

Wie gut, wenn man einen hat, den man verachten kann. Wenn man einen hat, der das Gegenbild ist zu mir, der mir zeigt, wie groß ich bin, wie *überlebensgroß*. Er wird es nicht überleben. Gewiß, meine Verachtung ist es nicht, die ihn ums Leben bringt. Aber das gibt es auch: daß Verachtung tötet, heute vor unseren Augen. Sie zertreten den Wurm, sie machen die Null „alle". Übermenschen zeigen dem lachhaften Untermenschen, wie es ist, wenn ihnen eine Nase, ein Gesicht nicht paßt, wenn einer stört. Schnell bin ich selbst dabei, die kahlköpfigen, mit Springerstiefeln daherdröhnenden Verachter nur noch zu verachten, sie für all das in Gedanken fertigzumachen, was sie – stellvertretend auch für mich – ausleben. Und ich weiß: Wer sich „gesandt" weiß, unsre „niedrigen Instinkte" auszuleben, der wird sich kaum davon abbringen lassen, bis zum Letzten zu

gehen – damit er wenigstens in seinen eigenen Augen und in den Augen der Beifallklatscher groß sein kann.
Der *Kreuzträger* auf dem Weg zur Schädelstätte ist das Gegenbild zu denen, die Verachtung ausleben und weitergeben. Zu verachten, auszuleben, was die anderen mühsam verstecken und zurückhalten, das war nicht seine Sendung. Nicht von Menschen ließ er sich senden – als Erfüllungsgehilfe ihrer geheimen Wünsche und Grausamkeiten. Von Gott ließ er sich in Dienst nehmen, Gottes Wunsch und Sehnsucht auszuleben, Gottes Wort und Bitte an uns zu sein.

Gottes menschgewordene Bitte

Gottes Bitte: Laßt euch heraushelfen aus eurer Sackgasse! Macht eure Augen auf und schaut euch an, wohin ihr geraten seid, wie ihr eingespannt – geradezu besessen – seid von menschenverachtenden „Ordnungen". Laßt euch nicht betäuben und betrügen von denen, die in diesen Sackgassen Hütten bauen wollen, Unterhaltungspaläste, Ablenkungsindustrien – damit ihr dableibt und nicht weiterwollt! Traut eurer Sehnsucht! Traut Gott zu, daß er sie wahrmacht, daß seine Wahrheit mehr gilt als die Ersatzwahrheiten der Fanatiker, der Zyniker, der Resignierten!
Gottes menschgewordene Bitte kommt unter die Räder; sie gerät unter die Stiefel der Verachtung. Man sieht ihr Gott so wenig an. Was man ihr ansieht, das scheint verächtlich: ein Mensch auf der Verliererstraße; das Zeug zum Übermenschen hat er nicht. Nicht einmal als Verlierer macht er eine gute Figur – ein Wurm, der die Stiefel herausfordert, ihn zu zertreten, sein Leben, seine Botschaft zu zertreten. Aber in dieser menschgewordenen Bitte spricht Gott. Der hält es mit diesem Verlierertyp. Er läßt der Verachtung nicht das letzte Wort, die letzte Tat. Sein Wort steht gegen das Wort und das Werk der Verachtung. Und es ist wahr. Wer es hört und glaubt, der glaubt nicht mehr daran, daß er selbst verächtlich ist; der kommt seiner eigenen Verachtung auf die Spur und kommt denen näher, auf die sie sich richtete: Sind sie denn nicht mein anderes Ich – mein *alter ego* – gewesen, von dem ich mich vorteilhaft abheben mußte? Sind sie die gewesen, die ich brauchte, um nicht so weit unten zu stehen?

Jenseits der Verachtung

Der Verachtete ist ein Mensch. Er bekommt ab, wofür wir – bei uns selbst, in unseren geschlossenen Zirkeln, in unserem Gemeinwesen – keinen Platz haben. Er ist der Mensch, in den man hineinsieht, was man bei sich selbst nicht mit ansehen kann. Der Verachtete ist der Menschensohn: der augenfällige Beweis für die Tödlichkeit der Verachtung. An ihm kommt das Werk der Verachtung zu Ende: im Tod, den alle Verachtung nur vorwegnimmt. Ihn hat „der Vater" zu sich genommen. Das Verachtete – die Verachteten – stehen bei ihm in Ansehen. Sie dürfen sich zu ihm aufmachen: die Verachteten und wir alle, die wir der (Selbst-)Verachtung entgehen wollen, indem wir verachten.

3.3 Warum hast du mich verlassen? (Ps 22)

Jesu letztes Gebet

Psalm 22 ist aus den Passionserzählungen der Evangelien wohlbekannt. Er ist im Gebetbuch des Volkes Israel das Klagelied eines einzelnen, ungerecht Verfolgten, geradezu ein „Gebetsformular", in das der Beter seine individuelle Not hineinbeten konnte und sollte. Die Leidensgeschichte der Evangelien zitieren diesen Psalm immer wieder direkt oder indirekt; sie erzählen die Geschichte des ungerecht leidenden Jesus in dieses „Formular" hinein und deuten sie so in ihrer Verkündigung. So erscheint Jesus in der Reihe derer, geradezu identifiziert mit denen, die – als Opfer von Gewalttätigkeit und Verachtung dem Haß der „überlegenen" Machthaber ausgeliefert – aus der Welt geschafft werden.

Der Geschändete: ein Opfer?

Psalm 22 spricht mit keiner Silbe davon, daß dieses „Opfer" einen Sinn hat, daß es doch irgendwie noch ein Gutes hat. Vielleicht sollte uns diese erste Beobachtung gerade am Karfreitag davor warnen, dem Leid der Menschen – dem Ausgeliefertsein der Geschändeten oder Vergewaltigten – eilig und oberflächlich einen Sinn beizulegen. Man sagt Leidenden so schnell, ihr Leiden habe irgendwie doch einen Sinn, damit man selbst mit der Frage fertig wird, warum sie leiden; damit sie sich nicht so sehr dagegen wehren, leiden zu müssen, und uns in ihre Revolte hineinziehen.

Psalm 22 spricht nicht von einem Opfer, das gebracht werden *muß*, damit ein anderes Unglück abgewendet oder eine Schuld getilgt wird. Er schreit das Leid in all seiner Sinnlosigkeit als Ausgeburt des Unrechts heraus und bedrängt Gott, diesem Unrecht doch nicht einfach seinen Lauf zu lassen. *Darf* Gott sich einfach zurückziehen, einfach nur „zuschauen", wenn Menschen so geschändet werden?

Gottverlassen?

Der Unglückliche, Geschändete, ist der von Gott und der Welt *Verlassene*. Der von den Menschen Verurteilte und Verachtete, schließlich Umgebrachte, „am Holz Aufgehängte" – ist er denn nicht auch der von Gott Verlassene und Verfluchte? Das Gesetz des Mose sagt es ja so (Dtn 21,23). Der Beter von Ps 22 hadert mit seiner Gottverlassenheit, mit dem Gott, der sich so offensichtlich von ihm abgewendet zu haben scheint. Er kann nicht glauben, daß Gott auf Seiten der „Welt" ist, die ihn verlassen hat, die ihn umbringt mit ihrer gewalttätigen Verachtung. Er appelliert gegen die „Welt" an Gott, der sein ungerechtes, übles Schicksal nicht auch noch sanktionieren, der sich doch nicht abwenden darf, wenn alle sich abwenden.

Und die Evangelien verschärfen diese Klagen noch. Nun öffnet sich der Mund des Gekreuzigten zur Klage und zum Schrei; zum Schrei nach dem Gott, der doch in Jesus Christus gegenwärtig ist; so verkünden es ja die Evangelien am Anfang. Er, der Christus, ist er nicht der Immanuel, der Gott, der mit uns geht? Wie kann Gott da abwesend sein! Wie kann dieser Gekreuzigte der Gottverlassene sein! Gott muß doch *da* sein, wo sein Christus ist, gerade da, wo die „Gottverlassenen", „Gottverfluchten" sind – jedenfalls die von der Welt Verfluchten.

Die Passionsgeschichten der Evangelien drängen uns zur entschiedensten Umkehrung der überlieferten religiösen Meinung über die Gottverlassenheit der Unglücklichen. Können wir ihnen hier folgen? Die handfesten „Phänomene" der Gottverlassenheit sind ja so übermächtig. Sprechen sie nicht doch dafür, daß zynische Gewalttätigkeit unangefochten regiert, daß Gewalttäter die „letzte Instanz" sind, gegen die niemand ankommt, auch Gott nicht? Aber was hätte es dann noch auf sich mit Gott, wenn es dabei bliebe, daß der Zynismus regiert?

Die Macht der Verachtung – letzte Instanz?

Psalm 22 bleibt quälend lang bei dieser Frage: Gott ist „fern" meiner Klage, meiner Frage, er gibt keine Antwort; die Ausweglosigkeit, die Fragen – sie geben nicht einmal in der Nacht mehr Ruhe (VV 2-3). Bei den Vätern und Müttern im Glauben, war es da nicht noch anders? Machten sie nicht noch die Erfahrung, daß Gott hilft, daß er machtvoll gegenwärtig wird (VV 4-7)? Aber jetzt sieht und spürt man nichts mehr davon. Wer jetzt noch etwas darauf gibt, daß die Macht der Verhältnisse, die Macht der Verachter, derer, die einen in die Enge treiben und erfahren lassen, daß man ein „kleines Würstchen" ist – wer darauf baut, daß diese Macht Grenzen hat, über den lacht man nur noch (VV 7-9). Es muß wohl zum Äußersten kommen.

Einer, der keine Kleider mehr braucht

Die „Welt" begafft den Gottverlassenen, sie weidet sich an seinem Unglück; sie verteilen die Kleider unter sich (VV 18-19). Das ist tiefste Verachtung: Man rechnet nicht einmal mehr damit, daß einer noch Kleider braucht. Und die Kleider dessen, mit dem man nicht mehr rechnen muß, verteilt man als Beute unter sich. In diese Rolle des Entblößten, Begafften, dem man schon mal die Kleider wegnehmen kann, weil er sie ja doch nicht mehr braucht, wird Jesus hineinerzählt, der Immanuel. Er steht für alle, mit denen man nicht mehr rechnen muß, mit deren Bedürfnissen, Nöten, Hoffnungen, mit deren Überlebenswillen, mit deren Sehnsucht, nicht länger verachtet zu werden, keiner mehr rechnet. Er steht für die Opfer, die nur noch angegafft werden, an denen man sich nur noch weidet. Sind diese Opfer – ist *sein* Opfer – denn wirklich noch für etwas gut? Psalm 22 und die (synoptischen) Passionsgeschichten sagen das mit keinem Wort. Der Psalm in der Passionsgeschichte spricht nur davon, daß dieses „Opfer" doch nicht gottverlassen ist, daß es einen gibt, der den Opferern und Lästerern doch nicht das letzte Wort läßt – der sie eben nicht *letzte Instanz* sein läßt. Und die Passionsgeschichten deuten gerade noch an – indem sie Jesu Leidensgeschichte in Ps 22 hineinerzählen –, daß dies an Jesus Christus offenbar werden sollte: Er mußte nicht nur den ersten Teil dieses Klage- und Todespsalms durchleben; an ihm wurde auch der zweite Teil wahr, das Dank- und Vertrauenslied. Weil der ganze Psalm an ihm wahr wurde, deshalb darf man an ihn als die „letzte Instanz" glauben; und man *muß nicht* „dran glauben": daß der Zynismus der Opferer Recht behält.

Erlösung im Kreuz?

Das deuten die Evangelien an; das ist vielleicht auch für uns noch die *Erlösung*, die von diesem Kreuz ausgeht:
- daß wir nicht „dran glauben" müssen: an die Letztinstanzlichkeit der Verachtung, des Hinopferns und Hingeopfertwerdens, des Todes, ob gewaltsam oder nicht;
- daß wir daran glauben dürfen: da ist ein Gott noch jenseits unserer Vorstellungen und Bilder; der läßt uns nicht in den Klauen der „Opferer", der Gewalt, des Todes.

Das wäre schon eine Erlösung, wenn wir *daran* glauben könnten aber eine, die uns erst richtig in Bewegung bringt, weil sie uns Schluß machen läßt mit dem Glauben daran, daß Opfer sein müssen, daß man „christus-ähnlich" oder „gottgefällig" wird, wenn man alles mit sich machen läßt.

V. Der Tod Jesu am Kreuz – unsere Erlösung

1. Erlösung verstehen?

Das Erzählen sucht nach jener Handlungs- und Geschehenskonsequenz, von der her das Geschehene mehr wäre als *brutum factum*. Es sucht eine „sinnvolle Dramatik", in der die Blindheit und Stummheit des Schicksals aufgehoben wäre. Läßt sich denn nicht sagen, wofür das Geschehene spricht? Läßt sich in ihm nicht eine *Absicht* aufweisen, die in ihm zum Ziel – zu seiner Erfüllung – kam? Läßt sich das Geschehene denn nicht *verstehen* als sinnvolle Realisierungsfigur?

Die historischen Wissenschaften erklären Geschehenes heute kaum noch einlinig aus der Intention handelnder Subjekte, sondern eher als ein angesichts der Umstände, des in ihnen aufweisbaren Kräfteverhältnisses und der davon bedingten Handlungsmöglichkeiten mehr oder weniger zwangsläufiges Resultat des Aufeinanderwirkens verschiedenster Intentionen – vielleicht gerade noch als verstehbare Anpassungsreaktion eines Systems an erkennbare Veränderungen in der Systemumwelt, als Reorganisation eines Systems angesichts neuer Herausforderungen. Historische Entwicklungen sind offenkundig kaum mit wissenschaftlichem Anspruch der Handlungs- bzw. Realisierungsabsicht *eines Handlungssubjekts* zurechenbar.

Ist solches Erklären nicht von vornherein resignativ? Mit einem Achselzucken quittiert man, daß es eine gewisse Logik hatte, wie die Dinge kamen; und man versucht vielleicht gerade noch, Handlungsoptionen zu formulieren, die bei Fortgeltung der aufgewiesenen Logik des Geschehens realisierbar sein mögen. Es kommt hier weniger darauf an, herauszuhören, wofür die Geschehnisse „sprechen", als vielmehr darauf, den Handlungsspielraum abzustecken, der jetzt noch oder jetzt erst offensteht. Historische Erklärung steht hier im Dienst des ehrenwerten Strebens, „das Beste daraus zu machen" – der Überlebensstrategie, sich auf das jetzt Mögliche und Notwendige zu konzentrieren. Damit ist der pragmatische Sinn nicht erst des wissenschaftlichen, sondern auch schon des alltäglich-lebensweltlichen Erklärens angegeben, ein Verarbeitungs- und Bewältigungsmuster gerade für schlimme, identitätsbedrohende Erfahrungen, die das „Einfach-so-Weiterleben" abgründig in Frage stellen.

Das Kreuz Jesu wird seinen Jüngerkreis zu ähnlichen Bewältigungsversuchen provoziert und ihr Ungenügen offengelegt haben. Die Emmausgeschichte (Lk 24,13-35) bezeugt jedenfalls einen mehr als pragmatischen Umgang mit den Ereignissen des Karfreitags und der darauf folgenden Tage. Die beiden Jünger auf dem Weg nach Emmaus „sprachen über all das, was sich ereignet hatte" und tauschten ihre Gedanken dazu aus (V 14f.). Sie versuchen, sich darüber klar zu werden, ob und wie der Verbrechertod Jesu mit seinem Anspruch, in Gottes Namen zu sprechen und zu handeln, zusammengebracht werden kann oder ob dieser Anspruch am Kreuz zusammengebrochen ist – und damit auch ihre Nachfolge-Existenz. Es geht ihnen nicht einfach darum, „das Beste daraus zu machen", sondern offenkundig darum, sich dessen zu vergewissern, was am Kreuz *wirklich* geschehen ist und wie dieses Geschehen ihr Leben – ihren Glauben – verändert.

Der Dritte, der sich in ihr Gespräch mischt, wundert sich über ihr Unverständnis. Er fordert sie auf, Zusammenhänge zu sehen und die göttliche Geschehenskonsequenz zu erkennen, wie sie ja schon in den Schriften und von den Propheten vorentworfen war:

„Da sagte er zu ihnen: Begreift ihr denn nicht? Wie schwer fällt es euch, alles zu glauben, was die Propheten gesagt haben. Mußte nicht der Messias all das erleiden, um so in seine Herrlichkeit zu gelangen? Und er legte ihnen dar, ausgehend von Mose und allen Propheten, was in der gesamten Schrift über ihn geschrieben steht" (Lk 24,25-27).

Dieses „Mußte nicht?" will die Augen öffnen für das, was mit der Kreuzigung des Jesus von Nazaret „eigentlich" geschehen war, dafür, daß Gott hier mit im Spiel war – und so auch eine „göttliche Notwendigkeit", die Konsequenz seines Heils-Willens, von der ja schon das Gesetz und die Propheten sprachen. Der glaubende Blick auf das Geschehene muß das Kreuz mit Gott „zusammenbringen", mit seinem Willen, mit der Gottesherrschaft, die doch durch diesen Tod nicht vereitelt sein konnte. Der Glaube muß daran festhalten, daß nicht der Unheilswille der Menschen, sondern Gottes heilschaffender Wille im Kreuz – oder trotz des Kreuzes? – zum Ziel kommt. Und er wird nach Verstehenshilfen suchen, die ihm dieses Festhalten erlauben.

Gott und das Kreuz „zusammenbringen"? Muß das nicht heißen, Gott als den eigentlichen Initiator des Geschehens zu glauben, zu unterstellen, daß Gottes Wille Genüge geschah, als sein Sohn in äußerstem Schmerz verblutete? Heißt das nicht, daß die, die Jesus ans Kreuz brachten, dabei doch in irgendeinem Sinne Gottes Willen gehorchten und ihm Geltung verschafften? Oder heißt es nur, daß Gottes Heilswille am Kreuz nicht außer Kraft gesetzt war, weil Gott auch dieses Kreuz noch zum Zeichen seines Heilsangebots machte – gleichsam „transsubstantiierte"?

Das Verstehen-Wollen geht hier leicht einen entscheidenden Schritt zu weit. Es will sich seines Verständnisses versichern, indem es schriftgelehrt rekonstruiert, warum alles so kommen mußte; indem es die göttliche Intention rekonstruiert, die hier zur Ausführung kam. Wo das Erzählen fragt, da neigt das Verstehen zum Dahinter-schauen-Wollen, zu jener „Gründlichkeit", die sich nur mit der Kenntnis der wahren Gründe zufriedengibt. Und diese Gründlichkeit scheint bei einem Gott anzukommen, der es nicht „billiger" einrichten konnte, der das Opfer des Sohnes brauchte, um den Menschen Heil eröffnen zu können. Ob man da nicht doch oberflächlicher bleiben und sich damit begnügen sollte, naheliegendere Gründe für das Geschehen des Karfreitags beizubringen, die Motive und die Verantwortung der konkret Beteiligten abzuklären und vielleicht gerade noch danach zu fragen, wie Jesus selbst seinem Tod entgegengegangen sein wird?

Der Tod Jesu am Kreuz wirft aber nicht nur die Frage auf, wer inwiefern für ihn die Verantwortung trägt und mit seiner Herbeiführung welche Absichten verfolgte. Er wirft für Menschen, die den Weg Jesu als einen Weg mit Gott verstehen, unvermeidlich die Frage auf, was *dieses* Ende für *diesen* Weg bedeutet. Und hier schien es für die frühen Gemeinden im wesentlichen zwei Verstehenszugänge zu geben, den „sendungstheologischen" und den „sühnetheologischen" (vgl. K. LÖNING, Der gekreuzigte Jesus – Gottes letztes „Opfer". Zur Bedeutung der Kultmetaphern im Zusammenhang der urchristlichen Soteriologie, in: Bibel und Leben 49/1994, 138-143, hier 138f.). Das *sendungstheologische Modell* zeichnet nach, wie die Sendung Jesu – seine Verkündigung und seine Reich-Gottes-Praxis – in jene Konflikte hineinführte, denen der Messias schließlich zum Opfer fiel. Der Tod Jesu wird hier in einer Linie mit dem gewaltsamen Geschick der Propheten und Boten gesehen, die Gott seinem widerspenstigen Volk gesandt hat, um es zur Umkehr zu rufen (vgl. etwa Lk 13,34f./Mt 23,37-39; Lk 11,49-51/Mt 23,29-31.34-36). Dieses Modell ist allenfalls indirekt „soteriologisch", insofern es die Auferweckung des Gekreuzigten als Bestätigung seines Weges und seines Anspruchs durch den Vater versteht – und damit eben auch als Bestätigung des Heilszugangs für alle, die sich in der Nachfolge Jesu von Gottes Geist diesen Weg führen lassen.

Das *sühnetheologische Modell* greift auf im engeren oder weiteren Sinne kulttheologische Vorstellungen zurück, um den Tod Jesu als heilsam für „die vielen" zu begreifen. Sein Blut ist das Blut des Bundes, das „für unsere Sünden" (1 Kor 15,3; Gal 1,4; „für uns": 1 Thess 5,10; Röm 5,6.8; 1 Joh 3,16; „für mich": Gal 2,20) vergossen wurde, damit in ihm den Sündern ein neuer Zugang zu Gott „im Himmel" eröffnet würde (Hebr 9,11-10,18). Jesu Lebenshingabe wird hier in Kultterminologie „Gabe und Opfer, Gott zum Wohlgeruch" (Eph 5,2), die ein für allemal heiligende „Opfergabe" (Hebr 10,10) genannt.

Einen wichtigen Ansatzpunkt findet dieses sühnetheologische Verständnis in den Abendmahlstraditionen, nach denen der Mahlherr Jesus selbst den Inhalt des Segensbechers bundes- bzw. sühnetheologisch deutet als „mein Blut des Bundes, das für die vielen vergossen wird" (Mk 14,24). Das wohl ebenfalls ursprünglich den Abendmahlstraditionen zuzurechnende Jesuswort Mk 10,45 par. stellt das Sühnemotiv in den weiteren Zusammenhang des *Dienstes* Jesu, der den in Sünde Gefangenen zum Loskauf aus ihrer Gefangenschaft gereichen soll (mit Bezug auf Jes 53,10-12). Darf man bei Jesus selbst schon eine im engeren oder weiteren Sinn sühnetheologische Deutung seines Todes vermuten?

Daß Jesus seinen gewaltsamen Tod nahezu unvermeidlich auf sich zukommen sah und daß er ihn dann mit dem „Sinn" seiner Sendung als vereinbar zu verstehen suchte, das ist eine schon historisch wahrscheinliche Annahme. Die Texte selbst sprechen von der Zuversicht Jesu, das Exodusmahl des Pessach mit seinen Jüngern von neuem zu feiern im Reich seines Vaters (Mk 14,25; Mt 26,29; vgl. Lk 22,29f., wo Jesus denen, die bisher mit ihm ausharrten, das Reich „vermacht" und zusagt: „Ihr sollt mit mir an meinem Tisch essen und trinken und ihr sollt auf Thronen sitzen und die zwölf Stämme Israels richten"). Das Kreuz wird die Botschaft von der nahegekommenen Gottesherrschaft nicht widerlegen oder außer Kraft setzen können. Der Kreuzweg ist aber der jetzt unvermeidliche Weg, auf dem Gottes Herrschaft zu den Menschen kommen muß. Diese wie auch immer artikulierte Glaubensüberzeugung wird die bleibende Jesusverbundenheit der Jünger und Jüngerinnen als Teilhabe an der Gottesherrschaft und den Tod des Gekreuzigten „für die Seinen" als Dienst für die Vergegenwärtigung der Gottesherrschaft im Blick gehabt haben. Und sie wird den Weg in den Tod deshalb als einen Weg mit dem Vater geglaubt haben – als den Weg, auf dem der Vater „im Himmel" den Menschen in der Gefangenschaft ihres Kleinglaubens und ihrer Sündenverfallenheit neu heilstiftend gegenwärtig wird.

Die Ölbergszene und der Bericht von der Kreuzigung zeigen, wie dieser Glaube erschüttert wird, wie der Sterbende die Heilsgegenwart des Vaters, für die und von der er gelebt hat, herbeiklagt, wie er sich – von Menschen bis auf Blut gequält und von der Erfahrung der Gottesfinsternis angefochten – nach ihr ausstreckt. Seine Sendung hatte ihren „Sinn" darin, den mit seiner Herrschaft mitten in dieser Welt gegenwärtigen, „zugänglichen" Gott zu bezeugen. Und nun stand zur Entscheidung, ob auch der Tod am Kreuz noch zu diesem Zeugnisweg gehören konnte; ob der Vater sich in ihm bezeugen würde, so wie der Sohn die Gegenwart des Vaters auf seinem Weg zum Kreuz bezeugt hatte. Wenn der Sohn den Vater mit in sein Sterben hineinnimmt, wird dieser ihn dann im Tod „zu sich nehmen", wird auch der Verbrechertod am Kreuz noch zur heilstiftenden Gegenwart Gottes in der Welt, zum „Ort" der Gottesgegenwart in der Gottverlassenheit ausweglosen Lebensabbruchs? Die Auferweckung des Gekreuzigten gab der Urgemeinde die Legitimation, hier glaubend „Ja und Amen" zu sagen; gab Paulus die Legitimation, das Kreuz „Versöhnungsmal" (*kapporet*) zu nennen (Röm 3,25): Ort der rettend-versöhnenden Anwesenheit Gottes, symbolisiert im Deckel der Bundeslade, dem Thronschemel Gottes im Tempel. Daß die Gottesferne – die Gottverlassenheit – zum Ort der Gottesnähe wird; daß nicht von Gott verlassen ist, wer den Mächten des Todes und der Sünde ausgeliefert ist; daß Gott gerade da gegenwärtig ist, wo das Gott-Widrige, Gott-Bestreitende geschieht, das mag die soteriologische Ur-Gewißheit der frühen Gemeinden gewesen sein. Von hier aus könnte sich jene Interpretationsdynamik entfaltet haben, die dann im Laufe der Christentumsgeschichte das Kreuz Jesu nicht selten als Ort des qualvollen Todes unkenntlich gemacht und zur göttlichen „List" der Erlösung emporstilisiert hat.

2. Erlösende Gottesgegenwart – im Gekreuzigten?

Christlicher Erlösungsglaube *glaubt nicht* daran, daß die Welt gottlos ist und gottlos wird, wo in ihr die Mächte der Sünde und des Todes die Oberhand gewinnen. Er glaubt aber auch nicht daran, daß diese Welt verlassen muß, wer sich von Gottes rettender Gegenwart ergreifen lassen will. Die soteriologische Ur-Gewißheit des Christlichen ist an Jesus Christus, dem Gekreuzigten und Auferweckten, festgemacht. Er ist das Zeugnis der Gottesgegenwart: Er hat Gottes erlösende Gegenwart bezeugt, und Gott, der Vater, hat an ihm sein erlösendes Gegenwärtigwerden bezeugt. Das bedeutet für Christen konkret, daß Gott da vorkommt und vorkommen will, wo der Weg der Christusnachfolge sie hinführt. Wohin sie – vom Geist Gottes inspiriert – auf den Wegen der Christusnachfolge auch geraten werden, da ist der Ort heilsamer Gottesgegenwart, der – womöglich senfkornkleine – Anfang von Gottesherrschaft. Und die Gottesherrschaft wird zu der *diese Welt* verwandelnden Gegenwart Gottes in ihr, wo immer Menschen Gott durch ihr Glauben und Handeln in diese Welt „hineinziehen" – wo sie Gott mit ihrem Zeugnis in der Welt vorkommen lassen.
Diese soteriologische Ur-Gewißheit legitimiert sich im Blick des Glaubens auf den Gekreuzigten und Auferweckten: Wohin der Messias Jesus – der Immanuel, der „Gott mit uns" in Person – auch geraten ist, noch in der äußersten Gottferne – da also, wo er den Mächten dieser Welt ausweglos ausgeliefert war –, da lebt und stirbt er in Gottes Gegenwart, da bezeugt er

Gottes rettende Gegenwart. So ist die Gottesgegenwart nicht zu suchen in der Weltlosigkeit der „reinen" Gottesbeziehung, die dem Verstricktsein in die Konflikte, in die Herausforderungen, die Freuden und die Entbehrungen dieser Welt entronnen sein will. Nicht wer sich vor all dem abschirmt und retten will, was sein Leben in mitunter kaum erträgliche Spannungen und Herausforderungen hineinzieht, sondern wer Gott in diese Spannungen und Konflikte mit hineinzieht, wird seine erlösende Gegenwart erfahren und bezeugen, sich an sie halten können.

Das sind Glaubenssätze und Glaubenszumutungen, die keine Sicherheiten versprechen. Daß die Spannungen und Konflikte, in die man Gott mit hineinziehen wollte, daß die Katastrophen, für die seine rettende Gegenwart zugesagt ist, dann doch als Orte der Gottverlassenheit erlitten werden müssen, daß Gott im Getriebe der Welt unterzugehen scheint – regelrecht verdrängt wird – und gerade noch herbeigeklagt werden kann, das ist das Glaubensrisiko, dem man auch in den Spuren Jesu Christi nicht entgehen kann; ein Glaubensrisiko, von dem in unserem Jahrhundert gerade Juden bewegend Zeugnis gaben. Daß der Untergang des in den Untergang mit hineingezogenen Gottes nicht die Vereitelung, sondern die „Aussaat" der Gottesherrschaft ist, das ist die Glaubensgewißheit, von der und auf die hin Christen und – nach der Vor-Gabe ihrer Traditionen – auch Juden zu leben versuchen.

Eins verbietet sich für *diesen* Erlösungsglauben: das Heil zu suchen durch Halbieren, Ausweichen oder Abspalten. Die Lebenswelt der Menschen ist mit all ihren Realitäten und in all ihren Dimensionen *zwiespältig* – eine Herausforderung, sich dieser Zwiespältigkeit zu stellen und sie als Spannung „zusammenzuhalten". Wer die Zwiespältigkeit seiner Liebe zwischen Hingabe und Egoismus, die Zwiespältigkeit seines Einsatzes zwischen Verantwortung und der Sucht nach Selbstbestätigung, die Zwiespältigkeit von Macht zwischen Gestaltung und Selbstverabsolutierung, die Zwiespältigkeit der Arbeit zwischen Kreativität und Selbstentfremdung, die Zwiespältigkeit des Erkennens zwischen Geltenlassen und Verfügungswissen, die Zwiespältigkeit von Religion zwischen Sich-auf-Gott-hin-Verlassen und Sich-bei-Gott-in-Sicherheit-Bringen-Wollen, wer all das eindeutig zu machen und so das *Heil* zu finden versuchte, wer Leben ohne Tod, Gott ohne Welt, Ewigkeit ohne

Zeit als das Heil ansieht, der spaltet, was zusammengehört, der findet nicht Heil, sondern die eindeutigen Verhältnisse eines „Glücks" durch Loswerden – des *Hans im Glück*. Erlösung kann nicht Loswerden bedeuten, wenn *der* als Erlöser geglaubt wird, der nicht loswerden wollte, was Menschsein heißt, sondern es *auf sich nahm*; der einen Gott bezeugte, von dem es im Jesajabuch heißt, er wolle sein Volk mit all seiner Treulosigkeit und Hartherzigkeit nicht etwa loswerden, sondern auf sich nehmen und tragen:

„Hört auf mich, ihr vom Haus Jakob,
und ihr alle, die vom Haus Israel noch übrig sind,
die mir aufgebürdet sind vom Mutterleib an,
die von mir getragen wurden,
seit sie den Schoß ihrer Mutter verließen.
Ich bleibe derselbe, so alt ihr auch werdet,
bis ihr grau werdet, will ich euch tragen.
Ich habe es getan und ich werde euch weiterhin tragen,
ich werde euch schleppen und retten" (Jes 46,3f.; vgl. 63,9).

Der Gott Israels „ist ein Gott, der uns Rettung bringt, Gott, der Herr, führt uns heraus aus dem Tod", denn er „trägt uns, er ist unsere Hilfe" (Ps 68,21.20; vgl. Ps 28,9). Dieses Tragen ist ein *Ertragen*, das den Getragenen und Ertragenen die Möglichkeit – den Raum – geben soll, wieder „auf die Beine zu kommen", den Weg selbst zu gehen, den Jahwe, der gute Hirt, ihnen eröffnet und vorangeht (vgl. Ps 22). Es ist ein Ertragen des geradezu Unerträglichen, das die Menschen einander antun, weil sie sich selbst und einander nicht ertragen wollen.

Martin Luther hat diesen Gedanken in seinen Auslegungen zu Jes 9,5 („Uns ist ein Kind geboren, ein Sohn ist uns geschenkt. Die Herrschaft liegt auf seiner Schulter") ausdrücklich auf Christi Reich und Herrschaft bezogen:

„Die unter weltlichem Regiment stehen, müssen ihre Herren tragen, hier aber ist's umgekehrt ... Wir müssen die Könige und Fürsten tragen, dieser aber trägt uns, und wir liegen ihm auf der Schulter... Das ist ein unerhört Ding, daß Christi Reich nicht unter seinen Füßen ist, sondern auf seiner Schulter".
„Die Herrschaft, das ist die Freiheit, liegt auf seiner Schulter. Er selbst hat unsere Sünden getragen und befreit" (Weimarer Ausgabe Bd. 34/2, 512 bzw. 40/3, 659; zitiert nach: Die Bedeutung der Reich-Gottes-Erwartung für das Zeugnis der christlichen Gemeinde, Neukirchen-Vluyn 1986, 166).

Schon im Neuen Testament wird die Sendung Jesu als Tragen und Ertragen dargestellt, so etwa im Johannesevangelium, das in 1,29.36 den sprachlichen Zusammenhang von Lamm Gottes und Gottesknecht durchscheinen läßt. Hier ist sein Erlösungswerk im Zusammenhang jenes Tragens gesehen, mit dem der gute Hirt Jahwe das erwählte Volk zu ihm und zu seiner Erwählung zurückbringt, sein Abirren erträgt und es überwindet (vgl. Lk 15,4-6; Joh 10,1-39). Auch die Glaubenden sind in dieses Tragen und Ertragen hineingenommen. Mit ihm bezeugen sie das in Jesus Christus geschehene und in seiner Nachfolge geschehende Heil; mit ihm wird das in Jesus Christus erfüllte, wahrhaft erlösende Gesetz im Heiligen Geist immer wieder neu erfüllt:
„Einer trage des anderen Last;
so werdet ihr das Gesetz Christi erfüllen" (Gal 6,2).
Das Gesetz Christi verbietet, einfach loswerden zu wollen, was „Arbeit" macht; es gebietet freilich nicht, sich alle denkbaren Zumutungen gefallen zu lassen. Das Zeugnis und das Gesetz Christi sprechen vom Tragen, vom „Hereinholen" all der Lasten, die getragen werden müssen, damit sie sich nicht – als abgespaltene und verdrängte, auf andere abgewälzte – zur menschen- und schöpfungszerstörenden Sündenlast auftürmen. An diesen Lasten, an dem fast untragbar Aufgehäuften vorbei kann es keine Erlösung geben. Aber in das Tragen läßt Gott sich mit hineinziehen. Er ist es, der mitträgt, der die erträgt, die sich dem so unerträglich Scheinenden – bei sich selbst wie bei anderen, in dem, was ihnen widerfährt – nicht billig entziehen. Sein Ertragen trägt auch die noch, die im Unerträglichen untergehen, weil sie sich dem Mittragen nicht entzogen haben. Das wäre die Botschaft des Kreuzes Jesu Christi – mit den Augen derer gelesen, die im Kreuz nicht nur die „Torheit" der Richter und der Vollstrecker, sondern „Gottes Kraft" sich offenbaren sehen (vgl. 1 Kor 1,18).

3. Gestorben wegen der Sünde, zur Vergebung der Sünde

Daß Gott gegenwärtig – „mittendrin" – ist, wo getragen und ertragen werden muß, was nicht anders um seine zerstörende

Kraft gebracht werden kann, daß sein Mittragen dieses Tragen zum Heilsweg macht, das ist für den Glauben der frühen Christen im Kreuz Jesu Christi unüberholbar wahr und gültig geworden. An Jesus Christus läßt sich nun ablesen, wie Gott in der Welt vorkommen und inmitten seines Volkes „wohnen" will. Er ist „größer als der Tempel" (Mt 12,6), die Überbietung des Wohnorts Gottes nahe den Palästen der Herrschenden – wie eine der zentralen, gewiß auch konfliktgeladenen christologisch-soteriologischen Bestimmungen bei Matthäus lautet. Man sollte die in ihr enthaltene Tempelkritik gewiß nicht überspitzen und gegen die Gottesverehrung Israels insgesamt gewendet sehen. Die kritisch-polemische Spitze sollte aber auch nicht verlorengehen: Wenn Gott selbst im Messias Jesus unter den Menschen wohnen wollte, wenn das Wesenswort Gottes – wie der Johannesprolog logos-christologisch formuliert – in ihm Fleisch geworden ist und „unter uns gezeltet" hat, so daß an ihm, dem neuen Allerheiligsten, Gottes Herrlichkeit offenbar wurde (Joh 1,14), dann ist diese Gotteswohnung nun auch der Ort, an dem Heil geschieht – durch Gottes Wohnen mitten in den Konflikten, die mit Jesu Sendung aufgebrochen sind, mitten im Leiden und Sterben seines Boten. Und es geschieht seitdem Heil, weil Gott sich nicht aus der Welt hinausdrängen läßt: Die Menschen können seinen Sohn aus der Welt verdrängen, ans Kreuz herausdrängen; aber der Vater hat ihn im Heiligen Geist auferweckt und in der Gemeinde der Glaubenden neu gegenwärtig werden lassen, so daß dieser „Leib Christi" nun auch „Tempel des Heiligen Geistes" – Gottes Wohnort – sein darf.

Die Metaphorik des heilvollen Wohnens Gottes bei den zu ihm Gehörenden ist erst bei genauerem Hinhören kritisch und spannungsreich. Zunächst hat sie ja etwas Beruhigendes, geradezu Affirmatives: Der Gott, der zu uns gehört und bei uns wohnt, gewährleistet seinen Wohngenossen Wohlergehen und Sicherheit. Wer bei ihm wohnen darf, der hat in gewisser Weise teil an Gottes „Herrlichkeit", die den Tempel – seinen Wohnort – erfüllt; der darf sich in seiner Macht geborgen wissen. Wie schnell sich diese Heilsgewißheit zur Vereinnahmung Gottes, des Wohngenossen, verkehrt, das haben Israels Propheten immer wieder anklagend und beschwörend eingeschärft. Die große Tempelrede Jeremias zerstört angesichts der Tempelzerstörung diese vereinnahmende Zuversicht endgültig: Nur wenn Israel zu seiner Berufung zurückfindet und Gerechtigkeit übt, will Jahwe – so sein Wort an Jeremia – „bei euch wohnen hier an diesem Ort, in dem Land, das ich euren Vätern gegeben habe für ewige Zeiten" (Jer 7,7). Wer aber faktisch ganz andere Herrscher – Götzen – einlädt, im Land zu wohnen und das Leben in ihm zu bestimmen, wer Ungerechtigkeit, Habgier und Unterdrückung ein Wohnrecht einräumt und sich einnisten läßt, der darf nicht mehr auf den Wohngenossen Jahwe zählen; der hat ihn vertrieben aus seinem Haus und seiner Wohnstatt.

Wie brisant die Übertragung dieser Metaphorik auf den Messias Jesus gewesen ist, das liegt nun offen zutage: Der aus dem Tempel vertriebene Gott sucht sein Volk mit seiner Anwesenheit in diesem Gottesboten heim. Er ist mehr als der Tempel; in ihm läßt Gott sich antreffen, in ihm wird er von neuem vertrieben – oder als Wohn- und Weggenosse zugelassen. An ihm wird offenbar, was es heißt, mit Gottes Gegenwart zu rechnen und deshalb auf sie vertrauen zu dürfen; aber auch was es heißt, sich dieser Gegenwart zu entziehen und sie zu verdrängen. An ihm wird offenbar, was Sünde ist und wie Gott selbst sich ihr aussetzt, ihr standhält.

Sünde ist, was sich am Kreuz Jesu entlarvt: die Bereitschaft, Menschen zu opfern – zu „eliminieren" –, damit man nicht mehr sehen muß, was sie zeigen (wollen), damit man sich die Herausforderung vom Leib halten kann, die von ihnen ausgeht. Sünde ist *Verdrängen*, was nach Antwort, nach Umkehr verlangt, worin Gottes Herausforderung hörbar würde. Sünde ist, den Blick von den „Orten" und Situationen abzuwenden, an und in denen Gott begegnen, in denen er unter uns „wohnen" will: Orte, an denen Gewalt geübt, Verachtung vollstreckt, Ausgrenzung erzwungen, Ausbeutung durchgesetzt und verharmlost wird – Orte, an denen der „Immanuel", der „Gott mit uns", unter den Opfern zu finden ist und nicht bei den Tätern.

Zur Unheilsmacht wird die Sünde in der Verachtung, der *Mißachtung* des Rechts auf ein Menschen-Leben, das diesen Namen verdiente. Die Sünde herrscht, wo Menschen um ihre Menschenwürde gebracht, wo sie zu Dingen herabgewürdigt werden, derer man sich nach Belieben und je nach Interessenlage bedient; wo sie gerade noch als ausbeutbarer Macht- oder Produktionsfaktor – als „Humankapital" – ins Kalkül gezogen werden. Sünde hat ihr Symbol in jenem abschätzigen Blick, der nur die Verwertbarkeit erkennt und alles andere ausblendet, der verdrängt, was nicht ausbeutbar ist und – als das nicht mehr Nutzbare – wahrgenommen werden will: die Not der Trauernden und Verlassenen, das Elend der von Ungerechtigkeit und Verfolgung Betroffenen, die Ort- und Heimatlosigkeit der um ihr „Ansehen" Gebrachten, die Sehnsucht danach, als „Wohngenossen" Gottes in seinem Volk gewürdigt zu werden, vorkommen zu dürfen. Die Kritik der alttestamentlichen Propheten richtet sich gegen diese Mißachtung, die die sozial und menschlich Deklassierten innerhalb des erwählten Volkes und des ihm von Jahwe geschenkten Landes ins Exil treibt (vgl. etwa Jes 5). Die politisch-militärische Katastrophe und das darauf folgende Exil sind hier nur die Konsequenz des längst schon Angebahnten. Jahwe steht auf Seiten der Mißachteten. Die Propheten, die sein Wort ausrichten, es geradezu hinausschreien, fordern ihr Recht ein und kündigen an, daß der fortgesetzte Rechtsbruch nicht ohne Folgen bleiben kann. Verkündigung und Reich-Gottes-Praxis Jesu stehen in dieser prophetischen Tradition, da sie Gottes Herrschaft vergegenwärtigen als den Bereich, in dem Gottes Gegenwart die Unheilsmacht der Mißachtung bricht. Der Immanuel bezeugt einen Gott, der sich mit den Mißachteten identifiziert, ihr Verdrängtwerden teilt, ihren Weg ins Exil der Bedeutungslosigkeit und der Gottlosigkeit mitgeht und ihn zum Heilsweg macht. Der Menschensohn vergegenwärtigt Gott bei den „Exilierten", da er selbst – der gekreuzigte Messias – einer der ihren ist und Gott mit hineinnimmt in die letzte Gott- und Menschenverlassenheit. Sein Kreuz bedeutet für die frühen Gemeinden: Der Ort, an dem die Sünde offenbar wird – das Offenbarwerden der äußersten Konsequenz, zu der Mißachtung und Verdrängenwollen sich aufsteigern können –, ist Ort der Heilsgegenwart Gottes, seines Heilsangebots; ist der Ort, an dem die Sünde ihre Macht verliert, weil Gott selbst da ist, wo sie sich zur vernichtenden Gewalt zusammenballt und ihr standhält.

4. Exil und Erlösung

Daß Gott die Unheilsmacht der Sünde im Kreuz Jesu brach, das konnte von der Abendmahlstradition vor dem Hintergrund der

Pessach-Thematik im Spannungsfeld von Exil und „Heimkehr" meditiert werden. Der Gekreuzigte ist selbst der Vertriebene – der Exilierte – und der vom Vater „Heimgeholte". So öffnet er den im Machtbereich der Sünde Festgehaltenen den Weg zum Vater, den Weg zum Leben (vgl. Joh 14,1-14).

„Exil" steht in der Tradition Israels vielfach und mit unterschiedlichen Vorstellungsnuancen für die Realität des Unheils und des Lebensverlustes: Es ist die Situation der Gefangenschaft in der Fremde – weitab von dem guten Ort, wo man mit Gott zusammenwohnen durfte. Es ist die Realität einer Macht, der das erwählte Volk sich ausgeliefert erfährt, einer zerstörerisch mißachtenden, ausbeutenden Fremd-Macht, aber auch die Manifestation dessen, was innerhalb des Volkes zur Macht gekommen und nun eben nur seine unvermeidliche Konsequenz nach sich gezogen hatte – die Verdrängungsmacht der Sünde. Von außen und von innen greift diese Macht an und verursacht Gottferne, Fremdheit, Menschenmißachtung. Und damit weckt sie auch die Sehnsucht nach Rückkehr, danach, von neuem in Gottes heilvoller Gegenwart wohnen zu dürfen; und das hieße: vorkommen zu dürfen und nicht verstoßen zu sein; geachtet und wertgeschätzt zu sein und nicht ausgebeutet zu werden; den eigenen Weg – den Weg mit Jahwe zum Leben – gehen zu dürfen und nicht als Sklaven auf den Straßen des Imperiums umhergestoßen zu werden.

Gottes heilvolle Gegenwart wird erfahrbar, wo Exil im Großen wie im Kleinen überwunden ist, wo die verdrängende Macht der Sünde gebrochen ist. Gottes Herrschaft wird Gegenwart, wo der Sturz des in der Sünde Mächtigen von seinem Thron „im Himmel" ganz konkrete, exilsüberwindende Folgen hat (vgl. Lk 10,18f.). Das Exil soll nicht überwunden werden durch Rückzug aus einer von der Sünde bedrohten und weithin bestimmten Lebenswelt, nicht durch gnostische Weltlosigkeit, sondern durch das Wohnenlassen des heilenden Gottesgeistes inmitten derer, die bisher nur das Vertriebensein kannten. Der Messias holt sie „heim", holt sie herein in die heilvolle Gottesgegenwart. Er holt herein, was bisher der Mißachtung anheimfiel; er holt die herein, die rettungslos „draußen" waren, exiliert, bedeutungslos, „wohnungslos". Und wo dieses Hereinholen geschieht, da ist Gott gegenwärtig; wo Menschen seinen Geist wohnen lassen, da verliert die verdrängende Sündenmacht ihre Kraft, da darf vorkommen, was und wer bisher „draußen bleiben" mußte. Die frühen Christengemeinden wußten den Auferstandenen in ihrer Mitte; sie wußten den Versuch gescheitert, sein herausforderndes Zeugnis des überwundenen Exils – der nun endlich angekommenen Gottesherrschaft – noch einmal zu eliminieren. Sie wußten die Gemeinde als den Wohnort, als Tempel des Geistes, wo die Sündenmacht der Mißachtung ihre Herrschaft verloren hatte und Gottes Geist das erlösende Werk des Hereinholens – des „Heimholens" – beginnen konnte. Und sie erfuhren, daß sie um den ihnen verheißenen Gottesgeist nicht erhörungsbereit genug beten und ihn nicht bedingungslos in ihrer Mitte wohnen lassen konnten. Christen erlebten immer wieder neu „Exil" – die „babylonische Gefangenschaft der Kirche" unter der Herrschaft der überwunden geglaubten Verdrängungsmacht der Sünde; sie erlebten immer wieder das Einnisten anderer Geister in der Kirche – und die Vereinnahmung Gottes im Interesse dieser Mächte. Die Glaubens- und Heilserfahrung der Christen ist aber auch immer wieder diese: daß sie, wo immer sie Gottes Geist in ihrer Mitte wohnen lassen, als Gottes Wohngenossen – als Weggenossen in den Spuren Jesu Christi, des Gekreuzigten (1 Petr 2,21) – der Macht der Sünde und des Todes standhalten können; daß, wo immer sie sich von diesem Geist inspirieren lassen, Verdrängtes und Mißachtete hereinzuholen und damit zu leben, Gottes Herrschaft sich gegen Mächte dieser Welt durchsetzt.

5. Biblische Besinnung: Wo wohnt Gott? Wie wird er sichtbar?

5.1 Wohngemeinschaft mit Gott
(Hag 1,1-8.15b-2,9; Jer 7,1-15; Mk 14,55-64)

Die Reden des Propheten Haggai aus dem Jahre 520 treffen in eine Situation, die mit unserer Glaubenssituation wenig Ähnlichkeit hat. Dennoch können sie auch in unsere Zeit hineinsprechen. Der Prophet richtet eine Gottesrede aus, die sich gegen die kleinmütige Verzögerung des Tempelneubaus nach der Rückkehr Israels aus dem babylonischen Exil wendet. Wenn sich jeder nur für den Wiederaufbau seines eigenen Hauses engagiert und nicht auch dafür, daß Jahwe inmitten seines Volkes eine Heimstatt hat, so kann kein Segen auf dem Wiederaufbau liegen. Zu Kleinmut besteht auch kein Anlaß. Es kommt ja nicht auf die äußere Pracht des neuen Tempels an – sie wird die des alten Tempels nicht erreichen –, sondern allein darauf, daß Jahwe ihn „bewohnt" und zu einem Ort macht, wo die „Fülle des Friedens" (des *schalom*) wohnt.

Zwar sprechen auch wir immer noch vom „Gottes-Haus"; aber die alttestamentliche Vorstellung vom Segen gewährenden Wohnen Jahwes inmitten seines Volkes ist uns fremd geworden. Es ist doch – so scheint es – eine eher altertümliche Vorstellung, daß Gott sein eigenes Haus braucht, damit er inmitten seines Volkes wohnen kann; daß er darauf besteht, der Bau seines Hauses dürfe nicht zurückgestellt werden hinter dem Wiederaufbau der privaten Wohnhäuser. Aber ist uns die Erfahrung des Wohnendürfens bei Gott – der „Wohngemeinschaft" mit ihm –, die in der Geschichte Israels wie auch in der Kirchengeschichte als Heils-Erfahrung immer wieder wichtig wurde, gänzlich verschlossen?

Israel weiß sich bei Jahwe geborgen, da es ihn als Wohngenossen in seiner Mitte hat. Der Tempel in Jerusalem ist Jahwes Thron auf der Erde, der Ort seiner heilsamen Gegenwart; wer ihm nahe sein darf, der ist am rechten Ort – bei Gott und bei sich selbst in der Gemeinschaft derer, die sich immer wieder neu darum mühen, Gott eine „würdige Wohnstatt" zu bereiten.

Die Gefahr: sich mit Gott einzurichten

Es kann natürlich dahin kommen, daß diese Wohngemeinschaft mit Gott zu einer religiösen Selbstverständlichkeit wird, endlich gar zu einem gegen die anderen geltend gemachten Privileg. Die Zerstörung des Jerusalemer Tempels durch die Heere Babylons erschien den Propheten als geradezu notwendige Konsequenz eines gottverlassenen religiösen Betriebs im Tempel und um ihn herum, einer Wohngemeinschaft, die den „Wohngenossen" Jahwe im Allerheiligsten geradezu einmauerte, um ihm nur ja keine Einflußmöglichkeiten zu lassen. Jeremia sagt es den über die Zerstörung ihrer Stadt und des Tempels Trauernden mit unnachsichtiger Deutlichkeit: Ihr habt

euch lange genug darauf verlassen, daß Jahwe gar nicht anders kann, als in eurer Mitte zu wohnen. Ihr seid vor Gottes Angesicht getreten in seinem Haus und wart euch dessen gewiß: „Wir sind geborgen!, um dann weiter all jene Greuel zu treiben. Ist denn in euren Augen dieses Haus... eine Räuberhöhle geworden? Gut, dann betrachte ich es so – Spruch des Herrn" (Jer 7,10f.).
Es ist eine abgründige, gefährliche Versuchung, den „unter uns wohnenden" Herrn zu vereinnahmen, sich in seiner Gegenwart einzurichten und aus der Nähe zu ihm dann etwa auch Machtansprüche abzuleiten nach dem Schema: Wir sind Gottes Wohngenossen! Wenn wir aus so vornehmem Hause sind, muß man uns doch auch entsprechend würdigen und auf das hören, was wir – die Gott so Nahen und mit ihm Vertrauten – einfordern!

Tempelzerstörung

Die Erfahrung der ersten und noch mehr der zweiten Tempelzerstörung hat Israel gelehrt, daß die Wohngemeinschaft mit seinem Gott nicht abgesichert werden kann mit einem funktionierenden Tempelbetrieb – und daß sie auch bestehenbleiben kann, wenn das Volk diesen kultischen Mittelpunkt verliert, wenn es im Exil und in der Zerstreuung leben muß. Daß Jahwe in seiner *schechinah* mit in die Erniedrigung zieht und denen verbunden bleibt, die ihm – wo immer – eine „Wohnstatt" bereiten, ihn Mittelpunkt sein lassen, das ist eine wohl auch für Christen zutiefst bewegende Exilserfahrung.
Tempelkritik steht Christen nicht zu, da das Exil der Juden gerade durch das Mitwirken der Christen zu einem jahrtausendelangen Leidensweg geworden ist. Und doch steht im Zentrum der Passionsgeschichte Jesu ein rätselhaftes Tempelwort, möglicherweise Indiz für eine tempelkritische Haltung Jesu, die ihm dann im Verhör vor dem hohen Rat zum Vorwurf gemacht wird: Er könne den „von Menschen erbauten Tempel niederreißen und in drei Tagen einen anderen errichten, der nicht von Menschenhand gemacht ist" (Mk 14,58), so soll er nach Auskunft der Zeugen gesagt haben. Was soll hier eingerissen und wieder aufgebaut werden – freilich nicht von Menschenhand?

Wo wohnt Gott?

Man deutete dieses rätselhafte Wort schnell auf Jesus selbst, der ja – nach Mt 12,6 – von sich sagte: „Hier ist einer, der größer ist als der Tempel". Und so konnte die Tötung Jesu als die wahre – vorweggenommene – Tempelzerstörung angesehen werden, als eine Tempelzerstörung jedoch, die den von Händen gemachten Tempel bedeutungslos machte, da Gott nun im Auferstandenen – im Heiligen Geist – inmitten seines Volkes wohnen wollte, im nicht von Menschenhänden gebauten Tempel: in der Gemeinde der Christen.

Die Christen haben diese Deutung oft so verstanden, als sei mit der Zerstörung des zweiten Tempels offenkundig geworden, daß Gott nicht mehr bei denen wohnt, die diesen Tempel erbaut hatten, sondern eben nur noch bei denen, die sich als den nicht von Menschenhänden gebauten Tempel verstehen durften. So haben sie dazu beigetragen, daß die Juden immer wieder ihre Wohnstatt verloren, bis sie schließlich in die Hölle von Auschwitz gezwungen wurden. So haben sie aber auch eine Frage verlernt, die ihre religiöse Überheblichkeit hätte irritieren müssen – die Frage: Wie baut man Gott eine Wohnung, in der er sich inmitten seines Volkes aufhalten kann? Und was macht es unmöglich, daß Gott „in unserer Mitte wohnt"; was zerstört seine Wohnstatt – auch wenn die Gotteshäuser noch so prächtig instand gesetzt sein mögen? Israels Erfahrung ist diese: Gott kann nicht wohnen, wo Götzen sich breit machen dürfen, wo sie verehrt, wo ihnen Opfer gebracht werden, wo ihre Tempel festlicher Mittelpunkt und Schauplatz raffinierter Kulte sind. Gott wohnt, wo Gerechtigkeit und Friede – *schalom* – sich ausbreiten können. Man bereitet ihm eine Wohnung, wo Menschen gut miteinander zusammenwohnen, wo das Wohnenkönnen nicht zum Vorrecht der einigermaßen Begüterten verkommt, sondern als Menschenrecht – und Gottesrecht – geachtet wird. Wo es aber nur noch darum geht, Eigentumsrechte bis zum letzten auszureizen, da kann es kein heilvolles, gerechtes Zusammenwohnen mehr geben, da hat auch Gott „keinen Platz" mehr.

Gottes-Häuser?

Christen sollten Anlaß haben, hier mitzufragen und auf die Erfahrungen Israels zu hören. Wenn sie den Gekreuzigten als den zugrunde gerichteten und wieder aufgebauten Wohnort Gottes unter den Menschen verstehen dürfen, wenn sie die Glaubensgewißheit vorbringen dürfen, daß der Auferstandene in ihrer Mitte wohnt, so werden sie sich fragen (lassen) müssen, ob sie ihn wirklich bei sich wohnen lassen, ob sie seinem Geist, in dem er bei ihnen *wirksam* werden will, eine Chance geben. Sie werden sich etwa vom Propheten Haggai fragen lassen müssen, ob nicht wieder einmal jeder nur an den Aufbau seines Hauses, seiner Interessensphäre, seines „Marktes" denkt und nicht im entferntesten daran, Gott eine Wohnung zu bauen, ihm den Freiraum zu lassen, damit er mit seinem Geist „dazwischenkommt" und unsere Aufbauorgien durcheinanderbringt.

Gottes-Häuser wollen ein Symbol dafür sein, daß Gott Platz hat unter den Menschen. So sind sie von alters her Asylort für Menschen, die sonst keinen Platz mehr haben, wo man sie wohnen läßt. In unseren Tagen ist das wieder aktuell geworden. Und die ganz konkreten Fälle der Gewährung von Kirchenasyl könnten Weiterungen haben, könnten uns ins Nachdenken darüber bringen, ob unsere Kirchen, unsere Gemeinden, nicht auch Asylorte sein müßten für vieles andere, was in unserer Gesellschaft keinen Platz, kein Recht, kein Ansehen mehr hat, Asylort schließlich für die verdrängten Fragen und Sehnsüchte, für Gescheiterte und Schuldiggewordene. Im Blick auf den Gekreuzigten, der in unseren Gottes-Häusern ja im Mittelpunkt stehen soll, wird einem doch immer wieder neu aufgehen können, daß Gott da wohnt, wo für all das Raum ist; und daß er hinausgeworfen wird, wo man diesen Platz zubaut. Wo man ihn hinauswirft, da darf man sich nicht wundern, wenn die Gottes-Häuser kritischen Zeitgenossen gerade noch als Museen interessant sind – oder sich von ihnen „Grüfte und Grabmäler Gottes" (F. NIETZSCHE, Die fröhliche Wissenschaft Aph. 125, KSA 3, 482) nennen lassen müssen.

Gott ein Haus bauen, das nicht, ehe der letzte Stein eingefügt ist, schon zu seinem Grabmal wird – zu seinem steingewordenen Dementi; Gott ein Haus bauen, in dem er wohnen kann, in dem der Geist des Gekreuzigten und Auferstandenen Platz hat;

nach der Verwüstung der Gottes-Häuser wieder neu damit anfangen, in unserer Welt ein Gottes-Asyl zu bauen: vielleicht ist das die Aufgabe, an der wir jetzt mitwirken dürfen.

5.2 Kreuzverhüllung – Kreuzenthüllung
Gottverhüllung – Gottenthüllung (Joh 19,5)

Der Ritus des Karfreitags

In der Karfreitagsliturgie ist – so scheint es – der Ritus zerbrochen. Allein das Wort soll uns in Anspruch nehmen und auf das Ausgesprochene hinführen: das Wort der Gebete, der meditativen Schrifttexte, der Lesungen, der Passion, der großen Fürbitten, der Klagen. Kein menschlich-liturgischer Ritus soll uns den Blick verstellen für die befremdliche, verfremdete rituelle Dramatik, die diesen Tag prägt; die frühe Theologie hat seine Ereignisse ja als ein von Gott ausgehendes, ein für alle Mal und für alle Menschen „gefeiertes" Versöhnungsritual dargestellt.
Ein rituell-dramatisches Moment aber hat die Karfreitagsliturgie behalten: die Enthüllung des in der Passionszeit verhüllten Kreuzes. Sie ist in der Liturgie begleitet vom Gesang des *Ecce lignum crucis:* „Schaut her – das Holz des Kreuzes, daran hat das Heil der Welt gehangen!" Was soll diese rituelle Zeige-Geste? Kann sie uns die Augen öffnen für das, was am „Holz des Kreuzes" geschehen ist?

Verhüllung – ein visuelles Ereignis

Das dramatisch-visuelle Ereignis der Verhüllung ist von dem Verpackungskünstler CHRISTO neu entdeckt worden. Sein Projekt der Reichstagsverhüllung bewegte die Gemüter. Und es fällt schwer, zu entscheiden, ob es sich da um einen überdrehten Künstlergag handelte oder um die Inszenierung eines wirklich aufschlußreichen Wahrnehmungsereignisses. Was CHRISTO will, das leuchtet vielleicht ein: Unseren Blicken soll entzogen werden, was uns allzu bekannt ist, was sich uns sehr massiv ins Blickfeld drängt; unser Blick soll sich davon lösen können, soll das allzu Bekannte als optisches Fragezeichen wahrnehmen und die – für eine Zeitlang – vom optischen Einfluß des Ver-

hüllten befreite Umgebung neu sehen lernen. Womöglich werden wir dann auch das neu Enthüllte anders sehen lernen, entdecken können, was es uns bedeutet, was es „mit uns macht", vielleicht auch, wie wir uns dagegen zur Wehr setzen müßten. Von der Erfahrung des optischen Fragezeichens her könnte uns fraglich, befremdlich, überraschend werden, was uns ein allzu alltäglich-fragloser Anblick geworden ist.
Gilt das alles – in etwa – auch für das Herzeigen, für die Verhüllung/Enthüllung des Kreuzes in der Liturgie der Karwoche? Kann sie uns helfen, optischen Selbstverständlichkeiten zu entrinnen und Ungesehenes, Unsichtliches sehen zu lernen? Ist die Aufforderung des *Ecce* die Herausforderung zu einem neuen Blick, einem „fremden Blick", der wirklich *wahrnimmt*, was er sieht?
Als ob es da – am Kreuz – noch irgend etwas neu zu sehen gäbe, nach all den Bildern, die uns von Kindesbeinen vertraut sind! Aber der Ritus der Kreuzenthüllung hätte gar keinen Sinn, wenn er unseren „gehaltenen" Augen nicht etwas enthüllen wollte, was in seiner Neuheit noch gar nicht erschaut – durchschaut – sein kann. Die optische Botschaft des Karfreitags, ist sie nicht einfach die: Am Kreuz wird Gott sichtbar; am Kreuz enthüllt er sich, läßt er erahnen, wer er ist; am Kreuz zeigt er seine Größe.
Was für eine Größe? Im Konstanzer Münster hängt ein riesig großes Kruzifix, das man dort den „großen Herrgott" nennt. Groß ist er ja – von den Ausmaßen her. Aber das allein kann nicht gemeint sein. Gott enthüllt sich hier – im Todesabgrund – in seiner Größe. Ist das nicht ein allzu gewolltes Paradox? Vielleicht fällt uns hier – als Auflösung – zu schnell der berühmte Satz aus dem Johannesevangelium ein: „Es gibt keine *größere Liebe*, als wenn einer sein Leben für seine Freunde hingibt" (15,13). Und vielleicht auch ziehen wir zu schnell die gewohnte Konsequenz: Hier zeigt/enthüllt sich uns die Größe der Liebe Gottes, die uns zu Freunden und Freundinnen erwählt und bis zum Letzten an uns festhält. Ist das nicht eine Scheinklarheit, eine allzu vordergründige Antwort? Mußte uns Gott denn seine Liebe *so* zeigen, im Kreuz seines Sohnes? Warum mußte es zu diesem Äußersten kommen, zum Liebeserweis dessen, der sein Leben für die Freunde gibt? Warum mußte in dieser Schrecklichkeit – für uns? – gestorben werden? So müß-

te der Vorhang wohl doch vor das Kreuz gezogen werden, damit wir nicht zu schnell und zu selbstverständlich sehen und wissen, was uns da – von Gott? – als Gottes Größe gezeigt werden soll.

Kreuzes-Verschleierung – Kreuzes-Entlarvung

Aber da drängt sich ein Verdacht auf, dem man nicht leichtfüßig ausweichen kann: Die Christen verhüllen das Kreuz – das Zentrum ihres Glaubens –, damit man nicht mehr so deutlich wahrnehme, was ihren Glauben im Wesentlichen bestimmt, was vom Verborgenen, Verschwiegenen her ihre ganze Welt, ihr Leben ausmacht und verdirbt. Kreuzesverhüllung: Verheimlichung, mehr oder weniger absichtsvolle Verschweigung dessen, was endlich ans Licht und unter die Leute gebracht werden muß, was endlich entlarvt werden muß? FRIEDRICH NIETZSCHE reißt die Verhüllung des Kreuzes herunter. Was er zeigt und sehen lassen will, das bringt einem den Atem schon zum Stocken.

Am Kreuz kann man sehen – so NIETZSCHE –, worum es im Christentum eigentlich geht: um die „Selbstkreuzigung und Selbstschändung des Menschen" (Zur Genealogie der Moral II, Aph. 23; KSA 5, 333); darum, daß die Glaubenden diese Welt, ihr Leben, ihren Leib, ihre Lust von Grund auf ablehnen und durchstreichen, geradezu kreuzigen müssen, um Gott wohlzugefallen. Gott und das lustvoll-kraftvolle Leben in dieser Welt widersprechen einander: Gott ist das Nein zum Leben; das Leben in dieser Welt – erlebt und erlitten in seiner Schönheit und Grausamkeit – ist die Verneinung Gottes. Und das Kreuz ist Zentralsymbol dieser äußersten Feindschaft. Das Christentum hat schon dadurch eine „entsetzliche Stätte... aus der Erde zu machen gewusst, daß es überall das Crucifix aufrichtete und dergestalt die Erde als den Ort bezeichnete, 'wo der Gerechte zu Tode gemartert wird'" (Morgenröthe I, Aph. 77; KSA 3, 75).

Gott wohlgefällig ist nur, wer von der Welt ans Kreuz gebracht, ums Leben gebracht wird; Gott wohlgefällig sind, die sich in der Welt, im Leben nicht behaupten und zum wahrhaft schöpferischen Menschen nicht aufschwingen können, die Kraftlosen, die Verlierer, die „Unedlen". Ihnen bleibt zur Selbstbehauptung nur noch dies, und darauf setzen sie alles: Ihr haß- und racheerfülltes Ressentiment spricht heilig, was in dieser Welt – schrecklich schön, wie sie ist – nicht bestehen kann; und es verflucht, was sich in dieser Welt kraftvoll entfaltet. Das Kreuz steht für solches Ressentiment; es ist das Symbol, „welches den Fluch auf die Wohlgerathenen und Herrschenden darstellt". Der „Gott am Kreuz" – in Wahrheit ist er „ein Fluch auf Leben, ein Fingerzeig, sich von ihm zu erlösen" (KSA 13, 267f.). Diesen Fluch beantwortet NIETZSCHE mit einem Gegenfluch, dem Fluch des Antichristen – des Lebensfrohen und Lebensmächtigen – auf das Christentum und seinen gekreuzigten Gott (vgl. den Untertitel der nachgelassenen Schrift „Der Antichrist", KSA 6, 165). Die diesem Gott fluchen, das Kreuz verfluchen, sie allein geben der schrecklich-schönen Welt die Unschuld ihres Werdens und ihrer Lebensmacht zurück.

Verschwörung gegen das Leben im Zeichen des Kreuzes?

Zieht NIETZSCHE nicht tatsächlich den Schleier hinweg von der Kreuzesreligion Christentum, so daß sie nun enthüllt ist als das, was sie zutiefst ist: Ressentiment gegen die, die das Leben sich zu nehmen und zu leben verstehen, Ressentiment und Selbstbehauptung der Verlierer, die doch noch gewinnen und die Starken, die Lebendigen, endgültig verlieren sehen wollen – im Jenseits, bei Gott? Es ist gar nicht so wenig, was für NIETZSCHES Entlarvung des Kreuzes spricht; vielstimmig wird es heute mit Verachtung und Hohn zur Sprache gebracht: Die Christen, sind das nicht die mißgünstigen, repressiven Typen, die anderen vermiesen wollen, wozu sie selber das Herz nicht hatten? Sind das nicht die am Gestern, am endgültig Vergangenen klebenden Verlierertypen, die die Lebenskraft und Zukunftsentschlossenheit der anderen verächtlich machen, damit sie sich selbst als die wahren Gewinner achten können? Ist das Christentum denn nicht die unendliche Geschichte der Selbstgeißler, der ihre eigene Lebendigkeit Zerstörenden, ihrem Gott zum Opfer Bringenden, derer, die *so* ihr Kreuz meinen auf sich nehmen zu müssen, derer, die sich mit ihrem Kreuzesleiden die Tür zu einem besseren Jenseits „auf-leiden" wollen? Ist es das, wofür wir endlich die Augen aufmachen müßten, da uns nun das Kreuz enthüllt wird? Ist es das, was im Kreuz endlich er-

kannt werden muß: „das Kreuz als Erkennungszeichen für die unterirdischste Verschwörung, die es je gegeben hat, – gegen Gesundheit, Schönheit, Wohlgerathenheit, Tapferkeit, Geist, Güte der Seele, *gegen das Leben selbst*..." (Der Antichrist, Aph. 62; KSA 6, 253)?
Was NIETZSCHE uns zeigte, davor werden wir die Augen nicht mehr einfach verschließen und die Vorhänge vorziehen dürfen: So konnte und kann Christentum gelebt werden; so konnte und kann sich das Kreuz auf das Leben der Glaubenden legen und es erdrücken. Aber hat NIETZSCHE wirklich ent-deckt, was sich am Kreuz manifestiert, was das Kreuz zeigt: von Gott, vom Menschen; vom Menschen, der Gott sein will, von Gott, der Mensch werden wollte, *mit den Menschen* sein wollte?

Menschenenthüllung

Vor dem *Ecce lignum crucis* der Kreuzenthüllung steht im Evangelium das *Ecce homo*, „seht hier: der Mensch!" (Joh 19,5) – die Menschenenthüllung, wie sie in der gewaltsamen Entkleidung Jesu vor der Kreuzigung dann handfest vollzogen wird. Seht her: Der Mensch ist das Opfer; Menschen sind die Opferer; sie bringen sich selbst Menschenopfer dar, sich und den Götzen, denen sie hörig sind. Seht genau zu: Wo sind die Opfer heute und hier? Wer sind *eure* Opfer? Warum haben die Opfer nicht aufgehört, wie Paulus so selbstgewiß verkündigt hatte? Seht nach, was das für Götzen sind, denen diese Opfer dargebracht werden! Ob sie sich etwa enthüllen in den Kulten, zu denen ihr euch versammelt, zu denen ihr euch in eure Tempel zurückzieht?
Noch ein letzter Blick zurück auf NIETZSCHE: Er hat dem Christentum zutiefst übelgenommen, daß es mit seiner „Bevorzugung alles Leidenden, Schlechtweggekommenen, Degenerierten" die „Kraft, die Verantwortlichkeit, die hohe Pflicht, Menschen zu opfern, heruntergebracht und abgeschwächt" habe (KSA 13, 470). Das galt – Gott sei's geklagt – für das Christentum beileibe nicht immer; vielleicht aber doch für ein Christentum, das sich das Kreuz enthüllen ließ. Kreuzenthüllung, da kann befremdlich offenbar werden, was sonst im Verborgenen bleibt: wer ans Kreuz geschlagen wird – und von wem, und warum. Das Kreuz: die schreckliche Monstranz, die das Äu-

ßerste herzeigt, wozu Menschen sich aufschwingen, nicht einfach aus Niedertracht, sondern oft genug deshalb, weil sie Großes wollen, weil sie ihrem „Gott" oder ihren Götzen gehorsam sein wollen. Eine Monstranz, an der die Gottverlassenheit derer aufscheint, die mit solcher Größe, mit einem Gott, mit Götzen sich einließen und eben deshalb zu Opferern oder zu Opfern wurden? Dann also doch *Gottesenthüllung*, Gottesentlarvung am Kreuz: *Ecce deus*, seht da Gott – der Inbegriff der Katastrophe, der Opferorgien, die in seinem Namen inszeniert und erlitten werden?

Gottesenthüllung

Der Karfreitag macht Gott sichtbar: *Ecce deus!* Aber er macht ihn so sichtbar, daß man daran zweifeln, geradezu verzweifeln möchte, ob da, wo wir hinschauen, Gott ist oder nicht doch pure Gottlosigkeit, Gottverlassenheit. Was soll es für einen „Sinn" haben, daß er da ist, wo es zum Äußersten kommt, was Menschen bewirken – anrichten – können, daß er sich davon treffen läßt; daß er dem nahe ist, den seine Mitmenschen zur Gottverlassenheit verurteilen; daß er auch denen noch nahekommen will, die das Leben dieses Menschen schänden – und es schänden, weil sie ihrem Gott gehorsam sein wollen? Was hat es zu bedeuten, wenn Gott dasein will, *da* sein will, wo Menschen einander aggressiv wegdrängen und beseitigen, wegschaffen, Schluß machen, zunichte machen, *zu nichts machen* wollen? Daß er *da* sein will, wo Menschen einander durchstreichen, wo sie mit letztem Einsatz durchkreuzen, was die anderen sein wollten, wo sie mit Gewalt zu Ende bringen, was andere anzufangen, anzustiften versuchen? Was hat das für einen Sinn, daß Gott sich an den Kreuzen antreffen läßt, zuerst und ursprünglich am Kreuz jenes Gottverlassenen, der ihn, den er seinen Vater nannte, mitnahm in seine Verzweiflung und Gottverlassenheit hinein? Hat es einen „Sinn", daß dieser Vater sich mitnehmen läßt, hinein in die Gottverlassenheit der Kreuze?

Das Kreuz – eine Antwort?

Theologie und Frömmigkeit waren vielleicht allzu wenig verlegen um eine Antwort auf solche Fragen. Sie wußten Antworten, die alles plausibel, geradezu zwangsläufig erscheinen ließen, ans Licht menschlicher Nachvollziehbarkeit zerrten. Muß ihnen das Kreuz nicht wieder verhüllt werden, damit sie sorgfältiger werden in ihrer Wahrnehmung, langsamer und etwas unschlüssiger in ihrem Urteil?

Es läßt sich nicht plausibel oder selbstverständlich machen, warum das alles so kommt und so sein *muß*: warum Gott *am Kreuz* sichtbar wird, in der Gottverlassenheit des Gekreuzigten, warum „das Heil der Welt" am Holz des Kreuzes anzuschauen ist. Es ist nicht so, wie die schnellen christlichen Antworten es NIETZSCHE in den Mund gelegt haben mögen, daß Gott die Kreuze will, weil er nur den Gekreuzigten, den sich selbst Kreuzigenden, sich selbst Quälenden und zum Opfer Bringenden gnädig nahe sein will. Es ist wohl nur so, daß er sich ans Kreuz mitnehmen läßt, mitnehmen läßt dahin, wo kein Sinn mehr ist, kein nachvollziehbares „Das ist noch für etwas gut!"

Es ist nur so: Gott ist „so groß", daß der Zusammenbruch menschlicher Größe, der Zusammenbruch unter der Gewalt menschlicher Selbststeigerung, die Zusammenbrechenden nicht aus Gott heraus-scheitern läßt; Gott ist „so groß", daß Menschen einander nicht endgültig zur Gottlosigkeit und Zukunftslosigkeit verurteilen können; er ist „so groß", daß er dort sein kann, wo Menschen Leben und Welt zunichte machen, wo sie den Abgrund des Nichts aufreißen.

Gott läßt sich mitnehmen

Vielleicht ist das schon zuviel gesagt, zuviel behauptet: Gott als Lückenbüßer, als der, der die Leere ausfüllt, damit es nicht doch zum Letzten, Äußersten kommt; als Ausgeburt der Hoffnung, das Letzte möge nicht das Letzte sein, Gottverlassenheit möge doch letztlich Gottesgegenwart sein? Was am Kreuz enthüllt wird, das schwindet einem immer wieder aus dem Blick. Ist es nicht doch nur eine wunschgeborene Fata Morgana in der Wüste des „Letzten", das sich nicht zum Vorletzten ermäßigen läßt? Wir können uns nur zeigen lassen, was da zu sehen sein soll. Vielleicht sehen wir es; vielleicht sehen wir es immer wieder neu. Vielleicht können wir dem trauen, was sich uns zeigt. Die Gottesenthüllung des Karfreitags will zeigen, will darauf hindeuten, wie der Gekreuzigte seinen göttlichen Vater mit sich nimmt in seine Gottverlassenheit hinein. Und der Osterglaube der Christen wagt es, daran die Hoffnung zu knüpfen, daß der Gott Jesu Christi sich mitnehmen läßt – so daß es keinen gottlosen, gottverlassenen Ort mehr gibt. Aber wie ist das, wenn *ich* ihn mit hineinnehmen will in meine Zweifel; in meine Unsicherheit darüber, ob ich aus der Not mit Gott nicht doch nur ein zweifelhaftes, halluziniertes Glück zu machen versuche? Geht er mit hinein auch in diese Zweifel; und wie wird er in ihnen *da sein*? Läßt er sich hineinziehen in unser ratloses Fragen danach, was das alles soll: die vielen Kreuze, die sinnlosen Opfer, die Zerstörung unserer Hoffnungen, unserer Welt, das Ärgernis masochistischer, kreuzverliebter Christentümer?

Das Kreuz ist ein Gottes-Bild, ein Bild der „Größe" – der Größe Gottes und der Tiefe des Abgrunds, den unsere Zweifel wahrnehmen, in den ich Gott mit hineinnehmen möchte. Ein Gottes-Bild, das die anderen Gottesbilder in Mitleidenschaft zieht und ihrer Eindeutigkeit beraubt, zwiespältig macht. Dieses Gottes-Bild bleibt eine Frage, Bild einer ins Fragenmüssen hineingerissenen Hoffnung auf Gottesgegenwart in Gottverlassenheit; Bild der im Abgrund zerfallenen Sinns und zersetzter Selbstverständlichkeiten festgehaltenen Hoffnung, Gottes Größe sei noch nicht ausgemessen und erschöpft durch meine ratlosen, manchmal maßlosen Zweifel.

VI. Versöhnung

1. „Er ist unser Friede" (Eph 2,14)

Wo Gott inmitten seines Volkes wohnt, da ist Friede, *schalom*. Israel hat erfahren, wie mißbrauchbar dieser Satz ist – daß er geradezu blasphemisch werden kann. Und er wird es, wo der Friede verwechselt wird mit dem Regiment der Mächtigen, die keinen Widerspruch und keinen „Unfrieden" im Land dulden, die unterdrücken können, was sich ihrem totalen Herrschaftsanspruch nicht fügt. *Schalom* bedeutet von Anfang an mehr als das Niederhaltenkönnen von Widerstand und Streit; *schalom* meint Wiederherstellung der Schöpfung, so wie sie vom Schöpfer „gemeint" ist, meint Gerechtigkeit, gerechte Teilhabe aller an den Gütern, die das Geschenk der Schöpfung – des guten Landes – ausmachen. *Schalom* meint: so *miteinander* – und deshalb auch mit Gott – wohnen, daß jeder zu seinem Recht kommt.

Wo von diesem *schalom* keine Rede sein kann und Gott mißbräuchlich für einen Frieden in Anspruch genommen wird, der keiner ist, da werden die Gottesboten zu Ruhestörern. Sie haben nun selbst keinen Platz mehr, wo man sie wohnen läßt; sie haben keinen Ort, wo sie ihr Haupt hinlegen können (Mt 8,20; Lk 9,58). Wer den faulen Frieden in Frage stellt – wie etwa schon Jeremia (6,14: „Und sie heilen den Schaden meines Volkes leichthin, indem sie sagen: Friede! Friede! Doch wo ist Friede?") –, wer die problemverdrängenden Konsense bestreitet, der bringt den Streit. Jesus von Nazaret meint diese Auseinandersetzung, die um des *schalom* der Gottesherrschaft willen sein muß, wenn er von sich und seiner Sendung sagt:

> „Ich bin gekommen, um Feuer auf die Erde zu werfen. Wie froh wäre ich, es würde schon brennen! Ich muß mit einer Taufe getauft werden, und ich bin sehr bedrückt, solange sie noch nicht vollzogen ist. Meint ihr, ich sei gekommen, um Frieden auf die Erde zu bringen? Nein, ich sage euch, nicht Frieden, sondern Spaltung" (Lk 12,49-51; vgl. Mt 10,34).

Die Taufe, mit der er getauft werden muß, ist die Konsequenz des Konflikts, den er selbst provoziert – weil der *schalom* nur so kommen kann. Er soll und er wird kommen, denn er ist bestimmendes Merkmal der Gottesherrschaft. So sieht es etwa noch Paulus:

„Das Reich Gottes ist nicht Essen und Trinken, es ist Gerechtigkeit, Friede und Freude im Heiligen Geist" (Röm 14,17; vom „Reich Gottes" ist bei Paulus sonst noch die Rede in 1 Kor 6,9f.; 15,50; Gal 5,21; Kol 4,11; 1 Thess 2,12; 2 Thess 1,5).

Das Reich Gottes ist ein Reich des Friedens, weil Gott *ein Gott des Friedens* ist (Röm 15,33; 16,20; 1 Kor 14,33; 1 Thess 5,23; Phil 4,9; Hebr 13,20; vgl. 2 Thess 5,23; 1 Petr 5,14). Sein Heil geschieht, wo dem *schalom* der Weg bereitet wird. So sind es gerade die „Friedensstifter", denen in den „Seligpreisungen" das Im-Heil-Sein zugesprochen wird; sie werden zu Recht „Söhne Gottes" (Mt 5,9) und in einem Atemzug mit denen genannt, „die um der Gerechtigkeit willen verfolgt werden" (V 10).

Der Menschen- und Gottessohn Jesus Christus gilt den Texten des Neuen Testaments in besonderer, ja einzigartiger Weise als der Friedensstifter, obwohl – in Wahrheit: *gerade weil* er – um der Gerechtigkeit willen verfolgt wurde. Von ihm sagt der Epheserbrief: „Er ist unser Friede" (2,14); durch ihn „haben wir Frieden mit Gott" (Röm 5,1); in ihm hat Gott „die Welt mit sich versöhnt" (2 Kor 5,19). Und der Kolosserbrief weitet die Perspektive ins Kosmische aus:

„Gott wollte mit seiner ganzen Fülle in ihm wohnen, um durch ihn alles zu versöhnen. Alles im Himmel und auf Erden wollte er zu Christus führen, der Friede gestiftet hat am Kreuz durch sein Blut" (Kol 1,19f.).

Die Perspektive des Streits, der die Menschen gegeneinander und gegen Gott aufbringt, der die Schöpfung in Aufruhr bringt und nach ihrer Befreiung aus der „Vergänglichkeit" seufzen läßt (Röm 8,20-22), des Widerstreits, in den die Menschen mit sich selbst hineingeraten sind (Röm 7,15), sie ist ausgespannt auf die Gestalt eines Heilbringers, der Versöhnung stiftet oder eine *Vermittlung* zwischen den Streitparteien zustande bringt. Der Hebräerbrief entwickelt hier eine in Kultmetaphern ausgearbeitete Soteriologie der Vermittlung, die den Gekreuzigten als den wahren Hohenpriester vorstellt, den Mittler, der alle künftigen Versuche zu kultischer Vermittlung gegenstandslos macht. Wo die Priester des ersten Bundes den durch die Sünde der Menschen immer wieder neu entstehenden Konflikt mit dem Bundesherrn Jahwe durch immer neue Opfer – im Blut – auszuräumen versuchten, da hat „der Mittler eines neuen Bundes" in seinem eigenen Blut *endgültig* Versöhnung erwirkt (Hebr 9,15; 12,24). Er ist der wahre Vermittler, da er immerzu für die Menschen bei Gott eintreten kann, als der Unschuldige und Makellose, über die Himmel Erhöhte (Hebr 7,25f.) und zugleich seinen Menschenschwestern und Menschenbrüdern in mitfühlender Solidarität verbunden. Er ist nicht eine himmlische Lichtgestalt, die unbetroffen bliebe von der Not der Menschen; er bringt – als der wahre Mittler, der wahre Hohepriester – tatsächlich die Not der Menschen vor Gott. Er bringt die Menschen und Gott zusammen:

„Wir haben ja nicht einen Hohenpriester, der nicht mitfühlen könnte mit unserer Schwäche, sondern einen, der in allem wie wir in Versuchung geführt worden ist, aber nicht gesündigt hat. Laßt uns also voll Zuversicht hingehen zum Thron der Gnade, damit wir Erbarmen und Gnade finden ..." (Hebr 4,15f.). „Als er auf Erden lebte, hat er mit lautem Schreien und unter Tränen Gebete und Bitten vor den gebracht, der ihn aus dem Tod retten konnte, und er ist erhört und aus seiner Angst befreit worden. Obwohl er der Sohn war, hat er durch Leiden den Gehorsam gelernt; zur Vollendung gelangt, ist er für alle, die ihm gehorchen, der Urheber des Heils geworden" (Hebr 5,7-9).

Die Kultmetaphorik setzt mehr oder weniger deutlich voraus, daß der im Opferkult zu schlichtende Streit *Gott*, dem das Opfer dargebracht wird, durch das Opfer *versöhnen will*, damit er in seinem Zorn nicht länger die Sünder mit Vernichtung bedrohe. Gott erscheint als der Versöhnungsbedürftige. Die Priester versuchen, seinen Zorn zu besänftigen, indem sie ihm Opfer darbringen. Zu wahrer Vermittlung kann es so aber nicht kommen. Die hilflosen Versuche, Gottes Zorn abzuwenden, bereinigen den Konflikt nicht, der Gott und Menschen gegeneinander aufbringt. Nur Gott selbst kann hier die Initiative ergreifen; und er tut es in seinem Sohn, dem Hohenpriester des Neuen Bundes.

Wenn aber Gott die Initiative zur Versöhnung ergreift und sie dann auch zustandebringt, so kann eigentlich nicht er selbst der Versöhnungsbedürftige sein. Bei Paulus kann man beobachten, wie sich durch das Christusereignis die Perspektive des in seinem Zorn zu besänftigenden Gottes zu wandeln beginnt: Jesu Blut macht die Sünder aus „Feinden Gottes" zu Versöhnten; sie

sind nun gerecht gemacht und entgehen dem Zorngericht Gottes (Röm 5,9f.; vgl. 1 Thess 1,10). Aufgrund des Kreuzes Jesu kann Paulus sagen: „Gott hat uns nicht für das Gericht seines Zornes bestimmt, sondern dafür, daß wir durch Jesus Christus, unseren Herrn, das Heil erlangen" (1 Thess 5,9).
Ist das nun so zu verstehen, daß das Opfer Jesu Christi Gottes Zorn „befriedigt" und so den Menschen die Möglichkeit gegeben hätte, mit dem besänftigten und zufriedengestellten Gott „friedlich" zusammenzuleben? Diese Perspektive wird bei Paulus und in anderen Schriften des Neuen Testaments durchaus noch eine Rolle gespielt haben. Sie ist aber korrigiert und auf ihr Gegenbild hin in Spannung gebracht, wenn in manchen Formulierungen der Mensch als der versöhnungsbedürftige Konfliktpartner angesprochen wird – am deutlichsten im 2. Korintherbrief, wo Paulus vom *Dienst der Versöhnung* spricht. Gott hat „in Christus die Welt mit sich versöhnt..., indem er den Menschen ihre Verfehlungen nicht anrechnete und uns das Wort von der Versöhnung anvertraute. Wir sind also Gesandte an Christi Statt, und Gott ist es, der durch uns mahnt. Wir bitten an Christi Statt: Laßt euch mit Gott versöhnen!" (2 Kor 5,19f.).
Die Versöhnung geht hier von Gott aus und will die noch Unversöhnlichen ergreifen. Gott hat seine Feindesliebe denen erwiesen, die nicht wußten, was sie taten, als sie dem Menschensohn, seinem „letzten" Boten, Feind wurden bis in den Tod (Lk 23,34). Und er ging in seiner Entfeindungsliebe so weit, daß er das Kreuz – das Schandmal, an dem die Feinde den zum Feind Erklärten ihrem Feind-sein-wollen zum Opfer bringen – zum Versöhnungszeichen (zur *kapporet*) transsubstantiierte.
Aber was berechtigt dazu, das Kreuz als Manifestation der Gottesfeindschaft darzustellen, der von Gott in seiner unergründlichen Feindesliebe doch noch eine Möglichkeit der Versöhnung eröffnet sei? Werden die Juden damit nicht auf die Rolle der Gottesfeinde festgelegt, gegen die sich die „Gottesfreunde" zu den abscheulichsten Racheaktionen berechtigt wußten? Die Metaphorik von Feindschaft und Versöhnung reißt Abgründe auf, die vielleicht besser verborgen blieben. Oder doch nicht? Wo liegt die Notwendigkeit, von „Gottesfeindschaft" zu sprechen – und das nicht etwa nur im Blick auf diejenigen, die das Kreuz Jesu im historischen Sinne mitzuverantworten hatten, sondern im Blick auf alle Erlösungsbedürftigen, alle „Sünder"?

2. „Als wir noch (Gottes) Feinde waren" (Röm 5,10)

Die Metapher „Feindschaft" klingt gefährlich dramatisch. Sie wird in den Schriften des Neuen Testaments gebraucht, um die *Dramatik des Sündigens* – die gegengöttliche, zerstörerische Macht der Sünde – möglichst unverkürzt zum Ausdruck zu bringen und die Größe des von Jesus Christus vollbrachten Versöhnungswerks im rechten Licht erscheinen zu lassen. Aber gerade darin liegt die nicht erst für Menschen des 20. Jahrhunderts kaum noch überwindbare Verstehensbarriere. Ist denn die Sünde wirklich so dramatisch zu nehmen, daß sie eines so dramatisch-grausam inszenierten Versöhnungswerkes bedarf? NIETZSCHE macht die „Gegenrechnung" zu diesem „moralischen Hyperidealismus" auf: „die absolute Verdammung des Menschen, das odium generis humani. Um die Menschheit eines solchen Opfers eines Gottes werth zu fühlen, mußte man sie in's Tiefste verachten und vor sich herabwürdigen" (Nachgelassene Fragmente Herbst 1880, KSA 9, 233).

Wer das Kreuz Jesu als unerläßliche Versöhnungs-Leistung auslegt, der macht die Sünde so überlebens- und übermenschengroß, daß die Versöhnung eben nicht „billiger" erreicht werden konnte als durch diesen Kreuzweg. Und er verwickelt sich offenkundig in eine Erstattungslogik, nach der das Opfer so groß sein *mußte*, weil die Sünde der Menschheit so schwer wiegt. Die „Penetranz" des Verstehenwollens setzt sich hier in Verstehensvoraussetzungen fest, die – jede für sich genommen – das Kreuz, die Sünde und Gott, der auf diesem Weg Erlösung schafft, ad absurdum führen. Wäre es nicht denkbar, die Metaphorik von Streit und Versöhnung weniger weit voranzutreiben und zuerst einmal in ihrer Fragehaltigkeit ernstzunehmen, ehe man aus ihr „Lösungen" entwickelt?

Die entscheidende Frage, die diese Metaphorik aufwirft, ist gewiß die nach der Herkunft und den Dimensionen der Feindschaft, des Widerstreits, die so elementar nach Versöhnung verlangen, daß sich kaum eine religiöse Überlieferung nennen läßt, die nicht von diesem Verlangen bestimmt wäre. Menschsein bedeutet Zwiespalt und Widerstreit, bedeutet das Vermissen des *schalom*, des friedlichen Miteinander-Wohnens, des Mit-sich-selbst- und Mit-Gott-in-Frieden-Lebens; bedeutet Hader um das Entgangene oder nicht Erreichte, um das Vorenthaltene und ungerecht Verteilte; bedeutet Verzweiflung oder Resignation angesichts eines Zu-Wenig, das sich auch mit immer mehr nicht aufholen läßt. Das ist eine anthropologisch triviale Feststellung und zugleich eine, die sofort den Ideologieverdacht auf sich zieht: Wird hier nicht ein Widerspruch metaphysisch herausgeputzt, der doch nur dazu da ist, in gesellschaftlich-revolutionärer Praxis oder durch therapeutisch unterstützte Bewußtwerdung überwunden zu werden?

Grundwidersprüche werden vielfach nominiert und als Wurzel allen Unfriedens präsentiert; Königswege der Versöhnung werden vielfach entworfen und mit Entschiedenheit in Angriff genommen: Der Grundwiderspruch zwischen Arbeit und Kapital sollte revolutionär überwunden werden, damit der Weg ins Reich der Freiheit offen wäre; der Widerspruch zwischen Ratio und Gefühl, zwischen den beiden Gehirnhälften, soll therapeutisch überwunden werden, damit gegen alles Abspalten und Verdrängen die versöhnte Ganzheit gewonnen werde; der Geschlechterkampf soll geschlichtet werden durch reife Integration des gegengeschlechtlichen Anteils, damit es endlich zu jener androgynen Versöhntheit komme, in der die Fixierung auf einseitige Rollenklischees aufgehoben wäre.

Man wird die Triftigkeit solcher Analysen der Widersprüchlichkeit menschlichen Lebens und Zusammenlebens wie auch der darin liegenden Handlungsanweisungen für den jeweiligen Versöhnungsweg nicht pauschal in Zweifel ziehen dürfen. Aber man wird zurückfragen dürfen, wie weit die ideologiekritische Intention mit ihrer Unterstellung wirklich trägt, der metaphysisch-religiöse Mythos vom unversöhnten Menschen ließe sich anhand des jeweils aufgewiesenen Grundwiderspruchs in eine Handlungsanweisung auflösen – „operationalisieren" – und damit entmythologisieren. Womöglich steht der Mythos in der (Post-)Moderne gerade für die Nichtoperationalisierbarkeit des in ihm Ausgedrückten, dafür, daß der metaphysische Skandal des unauflösbaren Widerstreits in der condition humaine nach den Versuchen, ihn durch Emanzipationsprojekte aus der Welt zu schaffen, sich noch immer verschärft zurückmeldete. Er läßt sich offenkundig nicht praktisch-emanzipatorisch auflösen; aber er darf auch nicht mißbräuchlich geltend gemacht werden, um lösbare oder zu mildernde Widersprüche begrifflich-metaphysisch zu zementieren.

Alle Bewältigungsversuche des elementaren Widerstreits, der Strittigkeit menschlichen Daseins – seine mythologisch-narrative Herleitung ebenso wie seine Festschreibung in philosophisch-begrifflichen Ordnungsschemata, seine Operationalisierung in Emanzipationsprojekten oder seine Einholung in religiösen Versöhnungslehren und spirituellen Übungswegen –, stehen in der Gefahr, zu fixieren, zu verschärfen oder zu verschleiern, was sie überwinden oder als überwunden darstellen wollen. Der *Mythos* macht den Menschen zum Zuschauer eines (göttlichen) Heilsdramas. Die *Philosophie* tendiert zur Ontologisierung des Widerspruchs oder zu Entwürfen eines Entwicklungsprozesses, worin es – für den die Zusammenhänge Begreifenden – geradezu mit Notwendigkeit zu seiner Aufhebung kommen wird. *Ideologie- und gesellschaftskritische Emanzipationstheorien* neigen dazu, die Enttäuschung über die Reichweite des konkret Veränderbaren an Sündenböcken abzureagieren, die sich dem revolutionär-therapeutischen Emanzipationsprojekt in den Weg gestellt haben. *Religiös-spirituelle Versöhnungslehren und -praktiken* stehen in der Gefahr, angesichts des für sie schon Geschehenen oder in der Endzeit Geschehenden oder angesichts des hier und jetzt schon als heilvoll Erfahrenen die geschichtlich-gesellschaftlichen Widersprüche zu bagatellisieren oder zu moralisieren, sie als Sünde oder Sündenfolge zuzurechnen.

Den auf die Bibel zurückgehenden religiösen Überlieferungen kann wegen ihrer so wenig festgelegten und immer wieder neu artikulierten Versöhnungsperspektiven gerade heute die Aufgabe zukommen, zu einer möglichst unverschleierten und sensiblen Wahrnehmung – zu einer *Hermeneutik, einer Verstehenslehre – des Strittigen und Widersprüchlichen* beizutragen. Diese Hermeneutik wäre ideologiekritisch: gegen Verschleierung, gegen „Verwesentlichung", aber auch gegen schnelle Operationalisierung gerichtet. Sie wäre aufdeckend, da sie zu entdecken versucht, wie das schädigend-aggressive Austragen von Streitfragen auf die Verdrängung, Verschiebung und Operationalisierung von Unversöhntheit zurückgeht, sie „mit Gewalt" überholen soll, damit man sich ihr nicht stellen muß. Sie wäre einfühlsam differenzierend, da sie in geschichtlicher Konkretheit zu unterscheiden lehrt, wo das Widersprüchliche hier und jetzt zu seiner Beseitigung durch emanzipatorische Praxis herausfordert und wo bzw. wie es sich in seiner ontologischen Priorität – als eine für menschliche Praxis nicht mehr erreichbare Wirklichkeit – zeigt. Hermeneutik des Widersprüchlichen im Sinne biblischer Überlieferungen, das hieße dann aber auch, nach der Möglichkeit einer Versöhnung zu fragen, die nicht mehr Sache der Menschen sein kann, wie auch nach Möglichkeiten zu suchen, aus dieser Versöhnung und auf sie hin zu leben. Was könnte das Kreuz Jesu Christi einer Hermeneutik des Strittigen und Widersprüchlichen zu denken geben?

Zunächst wohl dies: wie die Abwehr einer Herausforderung für religiöse Selbstgewißheit dazu verführt, sich – Zwiespältigkeit verdrängend – an einem Sündenbock schadlos zu halten. Aber wie sah denn die Herausforderung aus, die hier abgewehrt werden sollte? Jesu Verkündigung und Reich-Gottes-Praxis waren herausfordernd für eine religiöse Lebensform, bei der die tiefe Zwiespältigkeit und Strittigkeit menschlicher Selbsterfahrung in der Spannung zwischen göttlichem Gesetz und offenkundigem Versagen kultisch ausgeglichen sein sollte; bei der dann auch die Befolgung des Gesetzes die Funktion haben konnte, sich die konkrete und in Spannungen verstrickende Herausforderung der Situation vom Leib zu halten. Nicht nur für die zeitgenössischen jüdischen Autoritäten ist der Verdacht unerträglich gewesen, Gott selbst spreche in der Infragestellung solcher Selbstgewißheit, ja er sei mit seiner Einladung selbst dafür verantwortlich, daß die klare Unterscheidung zwischen Sünde und Gottesgehorsam strittig wird. Religiös motivierte Aggression hat – auch im Bereich christlicher Überlieferungen – fast durchweg diesen Hintergrund: die aggressive Verdrängung des Infragestellenden und zuletzt noch des Verdachts, Gott selbst sei sein Urheber.

Daß Gott selbst der „Störenfried" ist, der die etablierten religiösen Konsense und Bewältigungsmuster durcheinanderbringt, dieser Verdacht muß verdrängt und an denen abreagiert werden, die ihm zur Sprache verhelfen. Aber ist es nicht doppelt verstörend, daß der Menschensohn und Gottesknecht den vollen Preis bezahlen muß für die Unerträglichkeit seines irritierenden Gotteswortes und seiner so befremdlichen Reich-Gottes-Praxis? Daß der Vater ihn allein läßt, ihm allein die Unerträglichkeit auflädt, die den Haß der Infragegestellten herausfordert? Der Streit des Sohnes mit dem Vater, der ihm all das auflädt, ist in den Passionsgeschichten kaum angedeutet, zurückgenommen in die Bitte um das Vorübergehen dieses Kelches und die Klage über die Gottverlassenheit des Kreuzes. Aber auch so bietet er den Raum – die Identifikationsmöglichkeit – für die Klage und die Frage der Gottverlassenen und doch von Gott nicht Lassenden in den Abgründen der Geschichte und des Lebensschicksals: Sie entlassen Gott nicht einfach aus der (Mit-)Verantwortlichkeit für das, was sie überwältigt und zu vernichten droht; sie ziehen ihn hinein in die ratlose Frage, warum das alles sein muß, so kommen mußte; sie halten sich an ihn mit ihrem Widerspruch gegen das ihnen aufgeladene Kreuz, gegen ein Leben, das ihnen so viel schuldig blieb, gegen ein Schicksal, das auf ihre Sehnsucht so wenig Rücksicht nahm.

Den Streit um das so bedrängend und verhängnisvoll Unvermeidliche auszutragen, ihn nicht totzuschweigen oder an Ersatzadressaten auszuagieren – vielleicht ist das doch schon der erste Schritt zur Versöhnung. Nicht der Versöhnung mit dem Elend (vgl. U. HEDINGER, Wider die Versöhnung Gottes mit dem Elend, Zürich 1972), denn nicht um das Einverstandensein mit dem Unerträglichen geht es, sondern um die Hoffnung, die Klage und die Frage fänden einen „Adressaten", der sie sich nahegehen läßt, so daß sie nicht verschwiegen oder als sinnlos abgetan werden müßten.

Gott in die Strittigkeit und Widersprüchlichkeit einer Weltwirklichkeit hineinzuziehen, die in der Hiob- wie in der Jesusklage Worte auf Gott hin fand, das bedeutet gewiß nicht, Gott einzusetzen als die Lösung des Widerspruchs, als Erklärungsgrund dafür, daß es so sein muß und so kommen mußte. Es könnte bedeuten, den Widerspruch offenzuhalten und sich nicht davon abbringen zu lassen, daß er nach Auflösung verlangt. Es könnte bedeuten, nicht davon abzulassen, Gott mit diesem Widerspruch zu behelligen – ihn mit dem Verlangen zu behelligen, daß das Elend ein *gutes* Ende haben soll. Der erste Schritt zur Versöhnung? Wenn Versöhnung damit anfangen kann, daß die am Widerspruch und an der Strittigkeit Leidenden sich an den halten dürfen, für den und bei dem dieser Widerspruch nicht das letzte Wort sein muß.

Das Kreuz Jesu wird die Hermeneutik des Strittigen und Widersprüchlichen zu einer noch weiter greifenden Konsequenz nötigen. Jede Tötung eines Menschen und erst recht eine, die mit religiösem Anspruch herbeigeführt wurde, beansprucht das *göttliche Recht über Leben und Tod.* Der Mensch, der sich das Urteil über das Weiterlebendürfen eines Mitmenschen zutraut – oder anmaßt –, tritt gleichsam in Konkurrenz zum Schöpfergott, dem Herrn des Lebens. Und er muß sich – wenn er nicht als Verbrecher angesehen werden will – eine Legitimation beschaffen, die die Tötung in diesem Fall um eines „höheren Menscheninteresses" oder gar „um Gottes willen" gerechtfertigt erscheinen lassen soll. Solche Legitimationen sind – jedenfalls in der Perspektive neuzeitlicher Menschenrechte und zweifellos auch in der des biblischen Lebens-Rechts – in hohem Maße strittig. Sie stehen notwendig im Verdacht, der Tötende mache sich hier in schlechthin verwerflicher Hybris zum Gott *des* Menschen, den er töten zu dürfen beansprucht.

Ist die mehr oder weniger bedenkenlos in Anspruch genommene Tötungslegitimation nicht der äußerste Fall jener hybriden *Selbststeigerung*, die für die Bibel der Grundsachverhalt der Sünde ist: der äußerste Fall des Wie-Gott-sein-Wollens (Gen 3,5)? Sünde geht immer – so kann man Gen 3,5 im Kontext der Paradiesesgeschichte auslegen – aus dem Anspruch hervor, wie Gott sein und souverän darüber bestimmen zu dürfen, was für mich selbst, für Mitmenschen und Mitgeschöpfe, für die Welt, gut und schlecht ist. Wer wie Gott sein will, der macht sich selbst, die von ihm verfochtene Idee (oder „Gerechtigkeit"), zum Endzweck – und er wird im Großen oder im Kleinen „Endlösungen" anstreben, in denen sein Endzwecksein endlich realisiert wäre. Seinwollen wie Gott, das heißt, sich berechtigt wissen, die anderen als bloßes Mittel – und nicht etwa immer *auch* als Zweck in sich selbst (I. KANT) – anzusehen und entsprechend zu behandeln; das heißt, zur Travestie Gottes zu werden, zu einem Pseudogott, der sich gerade auch darin von Gott unterscheidet, daß er sich der zum Mittel herabgesetzten (Mit-) Geschöpfe bedienen will, während Gott – der Gott, der zu Recht so heißt – ihnen in ihrem Eigen-Sein gerecht wird.

Hier wird die Hermeneutik des Strittige und Widersprüchlichen zur Hermeneutik der Sünde: Das Kreuz Jesu provoziert dazu, das Unmenschliche als das Gegengöttliche zu begreifen, alle Unmenschlichkeit in dem vermessenen Anspruch begründet zu sehen, der Gott des Anderen zu sein:

- ihm das Lebens- und Wohnrecht – die „Präsenz" – bestreiten zu dürfen;
- sein Gutsein reduzieren zu dürfen auf sein Gutsein für mich;
- seine Zukunft, seine Lebensmöglichkeiten und Gaben als für mich ausbeutbare Ressourcen anzusehen.

Wenn das Unmenschliche als das Gegengöttliche – als (Selbst-)Vergötzung – zu begreifen ist, so ist die Sünde zugleich als Konflikt mit Gott begriffen, als ein Streitgeschehen, in dem der Sünder Gott das alleinige Gottsein streitig macht und Gott damit herausfordert, *sein* Gottsein gegen das Wie-Gott-sein-Wollen des Sünders wieder in Geltung zu setzen.

Was vielleicht wie eine steile theologische Ableitung aussieht, das bleibt doch – bei genauerem Hinsehen – ganz nah bei den Erfahrungen und Phänomenen: Unmenschlichkeit hat immer damit zu tun, daß Mitmenschen und Mitgeschöpfe ausschließlich oder doch zu weitgehend als Mittel zum Zweck und damit letztlich als potentielle Opfer angesehen werden, als Mittel zu einem Zweck, den der Götze bestimmt oder der er selbst ist – so daß ihm eben *Opfer* gebracht werden müssen. Und es wird doch auch nicht allzu weit hergeholt sein, wenn man unter Bezugnahme auf biblische Traditionen solche Vergötzung theologisch interpretiert: als Bestreitung Gottes in seinem alleinigen Gottsein, als den ausweglosen Versuch, mit Gott um „Letztinstanzlichkeit" zu streiten.

Nun ist es zweifellos so, daß das Wie-Gott-sein-Wollen je neu provoziert wird durch die Widersprüchlichkeit und Strittigkeit einer Schöpfungswirklichkeit, die in jeder Situation neu danach verlangt, von dieser Widersprüchlichkeit erlöst – *heil* – zu werden. Wie Gott sein wollen oder einer Instanz, die wie Gott sein will, glauben, das heißt im konkreten Fall, sich und anderen die Erlösung aus dieser Widersprüchlichkeit zu versprechen; das heißt, sich oder dieser Instanz Versöhnung zuzutrauen und deshalb für die Aktion, die sie näherbringen soll, jedes nur denkbare Opfer zu bringen. Das heißt dann auch: Gott die Versöhnung streitig zu machen, zu seinem Rivalen werden, weil man sich oder der vergötzten Instanz im Großen wie im Kleinen Versöhnung eher zutraut als dem Gott, der zu Recht so heißt.

Die Hermeneutik des Widersprüchlichen und Strittigen wird nicht verschleiern dürfen, in welchem Ausmaß Menschen zu versöhnendem Handeln berufen und verpflichtet sind, zu Projekten, die auch Opfer und Einsatz fordern müssen, zu einem Zusammenwirken, das auch die Unterordnung eigener Zielsetzungen unter das gemeinsame Vorhaben verlangen kann. Sie wird sich als Hermeneutik des Widerstreitenden aber gerade darin zu bewähren haben, daß sie aufmerksam und sensibel macht für den Umschlag des Versöhnenwollens in die auseinanderbringende Selbstermächtigung der das „Projekt Versöhnung" Vorantreibenden zu Gegengöttern. Hermeneutik des Strittigen und Widerstreitenden, das bedeutet nicht Häme angesichts des Scheiterns all dessen, was Menschen sich an Versöhnungsarbeit zutrauen – und zumuten müssen. Es bedeutet vielmehr: Sensibelwerden für das um der Erfolgsparolen willen verdrängte Scheitern; es bedeutet, darauf aufmerksam zu werden, wo und wie die Zwiespältigkeit und Strittigkeit des Geschöpflichen durch die Selbstermächtigung der Bewältiger nicht aufgehoben, sondern gesteigert wird.

Das in der soteriologischen Tradition vielfach variierte Motiv der *Rebellion* gegen Gott und einer von Gott selbst ins Werk gesetzten Versöhnung mit den Rebellen, bei der Gerechtigkeit und Gnade zugleich zum Zuge kommen sollen, verweist auf die zerstörerische Dynamik eines „Streits", der Gott gleichsam dazu zwingt, sein Gottsein neu zur Geltung zu bringen, ohne die Rebellen zu vernichten – es gegen die Heillosigkeit der Rebellion *versöhnend* zur Geltung zu bringen. Die Göttlichkeitsanmaßungen zerstören, was Gott am Herzen liegt: seine Schöpfung. So muß er seinem Namen Geltung verschaffen und sich dem Konflikt stellen, in dem es um seine Letztinstanzlichkeit geht, darum also, daß das Gutsein seiner Schöpfung nicht zu einem Tauglich-Sein für diese oder jene Götzen umgebogen werde. Die frühen christlichen Überlieferungen haben Jesus, den Messias, und die in seinen Spuren den Konflikt nicht Scheuenden als den *Weg* auszulegen versucht, auf dem Gott seinem Gottsein gegen die Götzen erlösend Geltung verschafft – auf dem er der Versöhnung den Weg bereitet.

3. Wo ist Versöhnung?

Die verschiedensten religiösen Traditionen bewahren die Erinnerung, daß ein lebensgefährlicher, zerstörerischer Streit zwischen den Menschen und dem Göttlichen der Versöhnung, zumindest der Entschärfung bedarf. Es ist die Erfahrung, daß die Götter den Menschen etwas vorenthalten haben, die die Menschen zur mehr oder minder offenen (oder gut versteckten) Rebellion treibt, sie dazu antreibt, sich zu nehmen, was die Götter ihnen nicht freiwillig herausgeben. Dieser *Übergriff* auf das den Göttern Vorbehaltene setzt die Rebellen der unerträglichen Bedrohung aus, von der Rache der Götter vernichtet zu werden – und läßt sie auf Versöhnung hoffen und alles (zumindest vieles) für die ersehnte Versöhnung tun. SIGMUND FREUD hat in dieser Konfliktkonstellation die Dynamik des Ödipuskomplexes als religionsstiftend am Werk gesehen (vgl. Totem und Tabu, in: Studienausgabe, Bd. IX, Frankfurt a. M. 1974, 291-444). Aber auch schon FEUERBACH und NIETZSCHE verstanden Religion als den hilflosen Versuch, den geschehenen Übergriff durch symbolische *Rückerstattung* irgendwie aus der Welt zu schaffen (vgl. L. FEUERBACH, Das Wesen der Religion, § 28, Theorie Werkausgabe Bd. 4, Frankfurt a. M. 1975, 108 bzw. F. NIETZSCHE, Zur Genealogie der Moral, Zweite Abhandlung, Aph. 19-21, KSA 5, 327-331).

Der Streit mit Gott reicht tief. Wer kann Gott den Riß zwischen dem, was man ist, und dem, was man nach Auskunft der eigenen Sehnsucht sein sollte, von Herzen verzeihen? Wer kann Gott den metaphysischen Skandal des Todes, der notorischen Nichtübereinstimmung von Sinn und Sein, schon verzeihen? Wer ist nicht der geborene Rebell und das geborene Opfer dessen, der sich gegen die Rebellion zur Wehr setzen muß? Und wer möchte nicht darauf hoffen – an der Oberfläche des Bewußtseins oder in den „tiefsten Regionen" der verdrängten Strebungen –, den Ausbruch des Konfliktes zu vermeiden? Die Religionsgeschichte bietet vielfältiges Anschauungsmaterial für den Versuch, mit Gott ins Reine zu kommen, mit ihm zumindest eine gemeinsame Basis zu finden für einen Interessenausgleich, der alle Konfliktpartner – zuvörderst Gott, der sich ansonsten holt, was man ihm nicht freiwillig gibt – zufriedenstellt. Es soll ein Ausgleich gefunden, ein adäquater Preis gezahlt werden; es soll im Sinne der Tauschgerechtigkeit ein Ausgleich geschaffen werden für die Übergriffe, derer man sich schuldig weiß, da man sie zumindest erwog – ein Ausgleich in der Währung der Opfer, die man sich um der Schadloshaltung der noch nicht auf ihre Kosten gekommenen Gottheit willen auferlegt. Es soll zum friedlichen Kompromiß kommen, damit es nicht zur streitigen Schadloshaltung durch den Geschädigten komme.

Das griechische Wort *katallage* – auf deutsch mit „Versöhnung" wiedergegeben – verrät genau diesen Hintergrund; CHRISTOPH TÜRCKE hat zu Recht darauf hingewiesen (Religionswende. Eine Dogmatik in Bruchstücken, Lüneburg 1995, 99). *Katallage* verweist auf den friedlichen, Frieden stiftenden Handel, auf den Tausch, der an die Stelle des Übergriffs tritt und – wenn er *gerecht* abläuft – der kriegerischen Auseinandersetzung den Anlaß entzieht. Aber es läßt sich kaum auf Dauer übersehen, daß diese Art der Friedenstiftung zwiespältig und an der Oberfläche bleibt. Kommen hier tatsächlich beide auf ihre Kosten? Ist man nicht doch übervorteilt worden?

„So ist der Tausch auch die Sphäre des argwöhnisch prüfenden, messenden und wägenden Blicks: der rationalisierten und domestizierten Feindseligkeit... Der Tausch arbeitet mit doppeltem Boden: Gerechtigkeit und friedliche Ausgleichung sind seine Oberfläche, Feindseligkeit, Übervorteilung, Herrschaft sein Untergrund. Er verspricht viel mehr, als er bietet... Keine Versöhnung kann ohne friedlichen Ausgleich verschiedener Geltungsansprüche sein, aber solcher Ausgleich ist deshalb noch nicht die ganze Versöhnung" (C. TÜRCKE, a.a.O., 100).

Frieden stellt sich nicht ein, wo die Konfliktpartner trotz des gefundenen Kompromisses den Verdacht nicht loswerden, nicht genug geleistet oder nicht genug bekommen zu haben. Die Einigung über Leistung und Gegenleistung ist eben doch nur eine pragmatische Lösung: Hier und jetzt finden wir keine bessere, profitablere. NIETZSCHE hat diese prekäre Pragmatik der friedenstiftenden Tauschgerechtigkeit deutlich markiert:

„... wo es keine deutlich erkennbare Uebergewalt giebt und ein Kampf zum erfolglosen, gegenseitigen Schädigen würde, da entsteht der Gedanke sich zu verständigen und über die beiderseitigen Ansprüche zu verhandeln: der Charakter des *Tausches* ist der anfängliche Charakter der Gerechtigkeit... Gerechtigkeit ist also Vergeltung und Austausch unter der Voraussetzung einer ungefähr gleichen Machtstellung... Gerechtigkeit geht natürlich auf den Gesichtspunct einer einsichtigen Selbsterhaltung zurück, also auf den Egoismus jener Ueberlegung: 'wozu sollte ich mich nutzlos schädigen und mein Ziel vielleicht doch nicht erreichen?'".

„Das *Recht* geht ursprünglich *so weit*, als Einer den Anderen werthvoll, wesentlich, unverlierbar, unbesiegbar und dergleichen *erscheint*. In dieser Hinsicht hat auch der Schwächere noch Recht, aber geringere" (Menschliches, Allzumenschliches I, Aph. 92 und 93, KSA 2, 89-91).

Wo der Stärkere nicht mehr mit dem Schwächeren *rechnen muß*, da kann er allein die Geschäftsgrundlage diktieren, da weiß der Schwächere eben nie, ob der Stärkere ihn – trotz aller Versöhnungsangebote – einigermaßen ungeschoren davonkommen läßt. Wie aber kann der Mensch Gott gegenüber, der ja so sehr der Stärkere ist, daß der Mensch ihm geradezu eine quantité négligeable sein müßte, auf die Verläßlichkeit einer Befriedigung durch Tausch rechnen? Kann Gott die „Geschäftsgrundlage" nicht von sich aus beliebig diktieren, immer mehr, ja *alles* fordern – mehr jedenfalls, als für den Schwächeren je leistbar wäre?

Es ist für Israel immer wieder neu ein Grund zum Staunen und zur Dankbarkeit gewesen, daß Jahwe ihm den fairen Bund anbietet und sich auf ein Verhältnis einläßt, in dem er seine Über-Macht nicht zum Schaden, sondern zum Heil des Bundespartners einsetzt. Für Jahwe ist der Bundespartner keine quantité négligeable:

„Herr, was ist der Mensch, daß du dich um ihn kümmerst, des Menschen Kind, daß du es beachtest?" (Ps 144,3; vgl. Ps 8,5).

Aber ist die Gerechtigkeitsverpflichtung für die im Bund erwählten Menschen nicht doch eine abgründige Überforderung? Ist Gott nicht doch von vornherein im Recht, wenn er sich strafend für die Untreue der Bundespartner schadlos hält? Israels Erfahrung mit seinem Gott ist immer deutlicher und nachdrücklicher die, daß Jahwe nicht die Elle der Tauschgerechtigkeit anlegt, daß er vielmehr immer wieder von sich aus *Gerechtigkeit* – Friede – schafft, ohne sie auf einen „gerechten" Ausgleich von Leistung und Gegenleistung zu gründen. Paulus radikalisiert diese Erfahrung im Blick auf Jesus Christus, den Gekreuzigten: Er sieht in ihm die *ganze* Versöhnung geschehen – nicht nur die auf den „gerechten" Tausch gegründete, also „eine friedliche Ausgleichung ohne Kalkül und Übervorteilung im Weltmaßstab – so daß das Seufzen der Schöpfung aufhörte" (C. TÜRCKE, a.a.O. 100).

Wie kann man von Jesus Christus als dem Ort sprechen, an dem es zu solcher Versöhnung kam? Die abendländische Tra-

dition der Soteriologie greift hier noch einmal auf das Versöhnungsmodell der Tauschgerechtigkeit zurück: Jesus Christus erbringt mit seinem Leiden am Kreuz stellvertretend die Gegenleistung des Gehorsams, die die in ihrem Widerspruch gegen Gott gefangenen Sünder nicht mehr zustandebringen könnten. *So* befriedigt er die gerechte Forderung des Vaters – *so* eröffnet er ihm die Möglichkeit, den Sündern *schalom* zu gewähren, *so* stiftet er den Frieden, der aus der Gerechtigkeit wächst.
Die frühe Theologie – schon Paulus wäre hier zu nennen – spricht in ganz anderer Weise vom friedenstiftenden *Tausch*. Der Tausch ist hier Metapher der Solidarität; in ihm erfüllte sich ursprünglich jenes Gesetz Christi, das dazu anhält, die Lasten des Anderen mitzutragen (Gal 6,2). Jesus, der Messias, stellt dieses Gesetz an sich selbst als erfülltes dar: Um unsertwillen ist er „arm geworden, obwohl er reich war", um uns „durch seine Armut reich zu machen" (2 Kor 8,9). Er hat mit den Sündern getauscht:
„Den, der von der Sünde nichts wußte, hat er (Gott) für uns zur Sünde gemacht, damit wir durch ihn Gottes Gerechtigkeit würden" (2 Kor 5,21).
Die Kirchenväter des Ostens wie des Westens haben diese Tauschmetaphorik im Zusammenhang der Lehre von der Menschwerdung des Gottesworts in Jesus Christus – der Zwei-Naturen-Lehre – weiter ausgebildet und „metaphysisch" radikalisiert. CYPRIAN VON KARTHAGO steht für viele, wenn er geradezu katechismusartig festhält: „Was der Mensch ist, das wollte Christus sein, damit der Mensch sein könne, was Christus ist" (Quod idola dii non sint 11) – „Christus erniedrigte sich, um das darniederliegende Volk aufzurichten. Er machte sich zum Knecht, um die Knechte zur Freiheit zu führen. Er nahm den Tod auf sich, um die Sterbenden zur Unsterblichkeit zu bringen" (De opere et eleemosynis 1). Der Friede ist erreicht, weil Gott in Jesus Christus da ist, wo die in Sünde Gefangenen und Sterblichen sind, damit sie sein können, wo Gott ist: Dieser *Platztausch* läßt ATHANASIUS dann sagen: „Der Logos ist Mensch geworden, damit wir vergöttlicht werden" (De incarnatione 54).
Der Riß zwischen Himmel und Erde, zwischen Existenz und Wesen, zwischen Sinn und Sein, die Feindschaft zwischen Gott und den Gott-sein-wollenden Menschen ist geheilt, weil er in

Jesus Christus, dem Gottmenschen, aufgehoben ist. Er ist der *Vermittler*, durch den die Versöhnung geschieht, da Gott sich mit dem Leid, der Ausweglosigkeit, ja selbst der Sünde der Menschen einläßt, um die Menschen so an seiner Göttlichkeit teilhaben zu lassen. Er nimmt Anteil, um Anteil zu geben. Gewiß eine großartige Versöhnungsvision; aber ist sie nicht längst falsifiziert angesichts der nicht zuletzt vom Christentum selbst mitzuverantwortenden fortdauernden Verfeindungsgeschichten zwischen Erlösungstraditionen und Heilswegen, zwischen Gott und Götzen, zwischen Opfern und Tätern? Kann denn wirklich davon die Rede sein, daß der metaphysische Riß geheilt, die tiefe Strittigkeit und Zwiespältigkeit des den Menschen zugemuteten Daseins überwunden ist, da Gott in Jesus Christus zu den Menschen kam und an ihrer Leidensgeschichte Anteil nimmt? Es gibt kaum Anlaß, die elementaren Widersprüche menschlichen Daseins als überwunden anzusehen und die Wirklichkeit, in der wir zu leben haben, mit Hegel als im Grunde versöhnt zu begreifen; es gibt keinen Anlaß, sich mit dem Elend und denen, die es verschärfen, zu versöhnen – da doch Gott selbst an ihm Anteil nähme.

Aber um eine Versöhnung mit dem Elend, die in Wirklichkeit doch nur Unterwerfung wäre, kann es in der Nachfolge Jesu Christi, des Gekreuzigten, gar nicht gehen. Vielmehr um das Festhalten daran, daß das Feld der Versöhnung offensteht, daß Versöhnung in den Spuren Jesu Christi Wirklichkeit werden kann, weil in ihm offenbar wurde,
– wie Gott die Welt nicht verlorengibt, wie er sie mit sich zusammenbringt und zusammenhält,
– wie sein Geist in und mit ihr, in und mit den Glaubenden immer wieder neu den *schalom* anfängt,
– wie der *schalom* anfängt, wenn die Götzen ihre Macht verlieren.

Wer so redet, wer davon redet, daß der Riß in der Wirklichkeit „an sich" geheilt, der *schalom* „an sich" angebrochen ist, der wird sich nicht verstecken dürfen angesichts der offenkundigen Tatsache, „daß wir davon so verdammt wenig merken". Die Theologie trieb Versteckspiel; CHRISTOPH TÜRCKE rechnet es ihr vor: Sie hat die Rechtfertigung Gottes angesichts des fortdauernden Skandals leisten wollen und „tausend gute Gründe im menschlichen Versagen und göttlichen Heilsplan" dafür namhaft gemacht, „daß die Welt nach Christus um keinen Deut besser geworden ist als vorher. Eine in Glaubensdemut daherkommende Bescheidwisserei über nicht Wißbares ist da am Werk" (C. TÜRCKE, a.a.O., 101). Bleibt nur, vor der „Falle des theologischen Rechtfertigungszwangs" auf der Hut zu sein, von vollbrachter Versöhnung und vom göttlichen Versöhner nicht länger zu reden und den Versöhnungsgedanken auf seine „Wahrheit", auf die vernunftimmanente Versöhnungsidee zurückzuführen, „deren volle Verwirklichung nicht im Bereich des Menschenmöglichen liegt, keinen überirdischen Garanten hat und als Fluchtpunkt allen Denkens und Handelns gleichwohl nicht wegfallen darf" (C. TÜRCKE, a.a.O., 101f.)? Theologische Bescheidwisserei hat in der Soteriologie weiß Gott genug gewütet. Aber ist es denn Bescheidwisserei, wenn die Theologie versucht, die Hoffnungsperspektive des Versöhnungs-*Glaubens* nachzuzeichnen, des Glaubens daran, daß in Jesus Christus offenbar wurde, wie Versöhnung geschieht? Ist es Bescheidwisserei, wenn die Theologie nachzuzeichnen versucht, wie Glaubende in der Spur Jesu Christi, des Gekreuzigten, der Versöhnung auf der Spur bleiben; wenn sie darzustellen versucht, warum sie nicht davon ablassen, Versöhnung in dieser Welt für möglich zu halten und über diese Welt hinaus zu erhoffen? Die Rechtfertigung des nicht zu Rechtfertigenden – daß Unversöhntheit herrscht, obwohl Versöhnung geschehen sein soll – ist nicht Aufgabe der Theologie. Sie kann am Versöhner nur abzulesen und in neue geschichtliche Situationen hineinzubuchstabieren versuchen, wie Versöhnung Wirklichkeit wird – und was der Versöhnung bedarf. Mit diesem Versuch mischt sie sich unvermeidlich in den Streit darüber ein, was *schalom* genannt zu werden verdient und was zu ihm hinführt. Ob sie auch in diesem Streit noch Frieden zu stiften vermag, das wird man sehen. Sie sollte sich hüten vor profilsüchtiger Rechthaberei, aber auch vor dem faulen Frieden, bei dem man vor lauter potentiellen Bundesgenossen aus dem Blick verliert, worüber gestritten werden muß.

4. Vergebung

Der Erlösungsmetapher „Versöhnung" benachbart ist die der „Vergebung". Gott wird hier in der Rolle dessen vorgestellt, bei dem wir unendlich in Schuld sind: Wir haben unseren „Kredit" aufgebraucht, haben uns „zuviel herausgenommen". Nur wenn *Er* uns vergibt, haben wir wieder eine Berechtigung zu leben. Diese Situationsbestimmung des Menschen vor Gott ist keineswegs selbstverständlich, vielleicht nur für Christen naheliegend. Wie kamen sie dazu, die Menschen Gott gegenüber so abgrundtief ins Unrecht zu setzen, daß sie immer schon auf Gottes vergebende Gnade angewiesen sind? FRIEDRICH NIETZSCHE hat diese soteriologische „Konstruktion" menschheitsgeschichtlich herzuleiten versucht. Das In-Schuld-Sein ist – so NIETZSCHE – die Grunderfahrung derer, die wahrnehmen lernen, daß sie *von anderen leben*, auf ihre Kosten, von ihrer Lebenskraft:

„Hier herrscht die Überzeugung, dass das Geschlecht durchaus nur durch die Opfer und Leistungen der Vorfahren *besteht*, – und dass man ihnen diese durch Opfer und Leistungen *zurückzuzahlen* hat: man erkennt somit eine *Schuld* an, die dadurch noch beständig anwächst, dass diese Ahnen in ihrer Fortexistenz als mächtige Geister nicht aufhören, dem Geschlechte neue Vortheile und Vorschüsse seitens ihrer Kraft zu gewähren" (Zur Genealogie der Moral, 2. Abhandlung, Aph. 19; KSA 5, 327).

Dieses Bewußtsein der Schuld vertieft und erweitert sich; es wird allem gegenüber empfunden, dem man das eigene Lebenkönnen verdankt, und so schließlich in der Beziehung zu Gott ausgelebt, dem Inbegriff dessen, wovon man lebt. Ihm gegenüber steigert es sich bis zur Untilgbarkeit der Schuld, bis zur Vorstellung, hoffnungslos in Schuld zu sein. Hier fand das Christentum jenen „paradoxen und entsetzlichen" Ausweg,

„an dem die gemarterte Menschheit eine zeitweilige Erleichterung gefunden hat, jenen Geniestreich des Christenthums: Gott selbst sich für die Schuld des Menschen opfernd..., Gott der Einzige, der vom Menschen ablösen kann, was für den Menschen selbst unablösbar geworden ist – der Gläubiger sich für seinen Schuldner opfernd, aus *Liebe* (sollte man's glauben –), aus Liebe zu seinem Schuldner! ..." (a.a.O. Aph. 21, KSA 5, 331).

Daß menschliche Schulderfahrung aus der Erfahrung entspringt, sich gegenseitig um des eigenen Lebenkönnens willen auszubeuten; daß Leben in diesem Sinne Schuldigwerden bedeutet: sich im Leben behaupten müssen auf Kosten der Mitgeschöpfe, der Mitmenschen, das ist eine durchaus naheliegende Herleitung. Noch vor jeder Schuld im moralischen Sinne entsteht die Schuld, anderes und andere zum Lebens-*Mittel* zu machen. Wo und insoweit Mitmenschen nur zu Mitteln werden, wird ihnen die Würde der Person – des Zweckseins in sich selbst – bestritten, mehr oder weniger unvermeidlich, immer wieder neu. *Aneignung* bestreitet konkret das Eigensein des Anderen, sein Anderssein – unterwirft ihn meiner Zwecksetzung.

Daß er gleichwohl der Andere bleibt, sich mir entzieht, mir zur Erfahrung bringt, daß ich eben nicht absolut bin, sondern endlich, und das heißt konkret: auf ihn angewiesen, das steigert oft nur noch die Entschlossenheit, mich dessen zu bemächtigen, worauf ich angewiesen bin – und damit auch mein Unrecht ihm gegenüber. So bin ich entscheidend auf seine Vergebung angewiesen, darauf, daß er mir nicht nachrechnet und zurückfordert, was ich ihm „genommen" habe – aber es auch nicht verschweigt. Und er ist darauf angewiesen, daß ich ihm vergebe, daß ich ihm sein „störendes", nicht vereinnahmbares, in Frage stellendes Anderssein vergebe – daß ich ihn wertschätzen lerne auch und gerade da, wo er mir nicht zur Verfügung steht.

Am Anderen erfahren wir unsere Endlichkeit: Ich bin auf ihn angewiesen – und er auf mich, darauf, daß ich ihn nicht hemmungslos ausbeute; er entzieht sich mir, und ich muß es lernen, sein Anderssein zu achten. Wo wir einander nicht Vergebung gewähren – vergeben, ausgebeutet zu werden, und gewähren, ein Anderer sein zu dürfen –, wo wir einander nicht vergeben, daß wir uns gegenseitig so schonungslos unserer Endlichkeit überführen, da wächst die Schuld – und nun tatsächlich die *moralische* – ins Bodenlose und Unermeßliche; die Schuld, die man bei dem Versuch anhäuft und fühlen kann, wenigstens ein klein wenig der Gott des Anderen zu sein. Aber weshalb sollte Gott der Adressat dieses Schuldgefühls sein, weshalb sollte es mit Jesu Kreuz zu tun haben? Ist es mehr als eine hilflose mythische Selbst-Tröstung, wenn man im Gekreuzigten die Schuld bezahlt und das Böse getilgt sieht, worin ich andere für mein Leben habe bezahlen lassen und sie zu meinen „Opfern" gemacht habe?

Für den christlichen Erlösungsglauben wird der Gekreuzigte tatsächlich zum Stellvertreter meiner „Opfer", derer, die ich nicht geachtet und als Mittel zum Zweck mißbraucht habe, denen mein Beistand gefehlt hat, über die ich rücksichtslos hinweggegangen bin. Der Gekreuzigte konfrontiert mit den Auswirkungen der Sünde; in ihm wird anschaubar, wie das Böse sich „auswächst", das die kleinere oder große Menschenverachtung in die Welt bringt. Die Begegnung mit dem Gekreuzigten ist hier die schmerzhafte Wiederbegegnung mit dem, was an Bosheit von mir ausging. Aber es ist auch die Begegnung mit dem Vergebenden; nicht in dem Sinne, daß er mir anstelle derer vergeben könnte, die meine Opfer gewesen sind. Im Gekreuzigten begegnet *Gottes* Vergebung, die der Sünde ihre verhängnisvolle „Unendlichkeit" nimmt. Schon Deutero-Jesaja verkündigt diesen Gott, der auf sich nimmt und fortschleppt, was sein Volk an Verhängnis in diese Welt gebracht hat, an Unheilsgeschichte in ihr „losgetreten" hat (Jes 46,3f.). An ihn heftet sich die Hoffnung, er möge aufhalten und mit seinem Heil durchdringen, was sein Volk verdorben und zerstört hat.

Rücken Gott und sein Messias Jesus hier nicht doch in eine fatale Lückenbüßerfunktion ein: Sie mögen reparieren, was wir angerichtet haben; sie mögen uns ersparen, was uns wirklich weh täte: die Begegnung mit den konkreten Opfern? Erlösung wird vielleicht immer wieder so mißverstanden worden sein. Aber biblisch verstanden erspart sie nicht, was in der Macht der Menschen steht, das Fortwirken des Bösen durch konkrete Versöhnung aufzuhalten. Was von Gott erhofft werden darf, ist, daß nicht auch dies letztlich noch untergeht in der Übermacht des Bösen, mit der man sich eingelassen hat, ehe man sie als solche durchschaut hatte. An den guten Gott darf man sich halten in den so undurchdringlichen Verhängnis- und Schuldzusammenhängen, die doch alles wieder zum Bösen zu wenden scheinen. Er ist nicht der, der nur noch Bilanz zieht und Schuld mit Bösem vergilt. Er „nimmt auf sich", was das heilvolle Zusammenleben zu vergiften droht.

Was bedeutet es, wenn sich diese Hoffnung bei den ersten Christen auf Jesus, den Menschensohn, richtet? Der Menschensohn ist im Vorstellungsrepertoire der jüdischen Apokalyptik die Gegenfigur zum Satan, der die Menschen vor Gott verklagt und dafür eintritt, daß das Böse, das sie in die Welt gebracht

haben, auf sie zurückfalle. Der Menschensohn tritt für das sündenbeladene Volk ein, damit Gott das Verhängnis abwende und sich seines Volkes erbarme.
So hat dieser Menschensohntitel bei seiner Übertragung auf Jesus von Nazaret mit der Glaubenshoffnung der Christen zu tun, Gott selbst werde – durch die Fürsprache und das „Werk" des Menschensohnes dazu veranlaßt – die ihm Verbundenen vor dem drohenden endzeitlichen Unheil bewahren.
Die Christen der ersten Jahrhunderte haben sich diese ihnen fremdgewordene Menschensohnvorstellung und die damit zusammengewachsene Sühnetheologie in volkstümlich-mythologischen Vorstellungen „zurechtgelegt": Der Menschen- und Gottessohn muß den Lösepreis bezahlen, der dem Teufel geschuldet ist, da die Sünder durch ihre Vergehen ihn als ihren rechtmäßigen Herrn anerkannt haben. Die hohe Theologie des Mittelalters macht daraus jene Satisfaktionstheorie, die sich – vergröbert und in bedenklicher „Vereinfachung" wieder dem „einfachen Volk" nahegebracht – noch bis in unsere Tage in Katechismen und frommen Traktaten hielt: Gottes Gerechtigkeit verlangt eine genugtuende Ersatzleistung für den Raub der göttlichen Ehre, dessen die Menschen sich schuldig gemacht haben; der Menschen- und Gottessohn leistet, was die Sünder aus eigenem Vermögen nicht hätten aufbringen können.
Aber die Frömmigkeit des „Volkes" kümmerte sich nicht so viel um dieses weit ausgreifende Erlösungsdrama. Sie hielt sich mit ihrem Schuldgefühl, mit ihrer Angst, dem Bösen rettungslos ausgeliefert zu sein, an den *Heiland*: Er wußte, was Menschsein bedeutet; er hatte erlitten, was Menschen einander antun, wie sie einander zum Unheil werden. Aber in ihm hat der göttliche Vater das Unheil zum Guten gewendet – zum Heil der Menschen. So war bei ihm und an ihm geschehen, was allen von Schuldgefühlen Heimgesuchten Hoffnung auf Rettung geben konnte: Dem Bösen, das von mir ausgeht, wird Einhalt geboten, es wird „umgelitten" vom Gottessohn, letztlich von Gott selbst, der es auf sich nimmt. Was wir an Bösem in die Welt bringen, trifft auf eine gute Gegenmacht, die es gewiß nicht ungeschehen macht, aber doch „auffängt", so daß es nicht zu jenem Unheil führt, das in ihm „angelegt" war und zur Auswirkung drängte.
Aber war in solchen Heilands-Vorstellungen das Schuldgefühl

nicht religiös übersteigert und dramatisiert, damit es dann auf einen Erlöser angewiesen sei? Nicht nur FRIEDRICH NIETZSCHE hat es so gesehen. Aber seine Kritik hat den christlichen Erlösungsglauben am radikalsten und wohl auch am folgenreichsten attackiert. Für ihn ist ausgemacht: „Wenn der Mensch sich nicht mehr für böse hält, hört er auf, es zu sein!" (Morgenröthe, Aph. 8, KSA 3, 140). Reicht es denn nicht, sich von denen entschlossen abzuwenden, die einem immer nur ein schlechtes Gewissen machen; ist es nicht der einfachere Weg, sich gegebenenfalls durch Therapie von quälenden Schuldgefühlen befreien zu lassen?

Vieles an theologischen oder „volkstümlichen" Heilandsvorstellungen mag zeitgebunden und höchst zwiespältig sein. Aber wenn man sich von der ersten Verblüffung über NIETZSCHES Gewaltstreich erholt hat, wird man vielleicht doch zurückfragen, ob die da empfohlene Desensibilisierung für das Schuld-Fühlen nicht gleichbedeutend ist mit einer enorm gefährlichen Desensibilisierung für das Böse, das Menschen in diese Welt bringen, mit dem sie ihre Lebenswelt vergiften. Wer sich eingespannt erfährt in solche Unheilszusammenhänge, der ist kein pessimistischer Phantast. Er hat vielleicht nur etwas weniger Illusionen darüber, wie Menschen „normalerweise" mit sich, miteinander und mit ihrer Welt umgehen.

Wer hier Realist bleiben will, dem stellt sich schon die Frage, ob das Böse, das wir in die Welt bringen, schließlich unser Schicksal sein wird, ob wir so in ihm gefangen sind, daß das Werk der Zerstörung nur noch weitergehen kann, an dem wir immer wieder neu mitwirken – oder ob Gott selbst durch seine „Vergebung" den Neuanfang setzt, von dem Rettung ausgehen kann.

Christen sehen in Jesus Christus diesen neuen Anfang gesetzt, da in ihm Gott selbst sich von der Verhängnisgeschichte der Menschheit in Mitleidenschaft ziehen läßt und die Menschen nicht sich selbst überläßt. Sie halten sich an ihn in der verwegenen Glaubenshoffnung, daß sich aus diesem Anfang leben läßt, daß sich von ihm her die Welt im großen wie auch die „kleine" Welt meiner alltäglichen Nöte und Ängste in die gute Welt Gottes verwandeln wird.

Der Glaube daran, daß von ihm *vergeben* ist, was mein Wie-Gott-sein-Wollen angerichtet hat, ist der Glaube daran, daß es in *jeder* Sünde die Möglichkeit zu einem Neuanfang gibt, der nicht immer schon vereitelt ist von dem, was sich unverarbeitbar angehäuft hat. Vergebung bedeutet ja schon im mitmenschlichen Kontext die kreative Fähigkeit, sich gegenseitig aus der Sackgasse herauszuhelfen und den gemeinsamen Weg ins Freie zu öffnen; die Fähigkeit auszusteigen aus den Teufelskreisen wechselseitigen Sich-Revanchierens und Demütigens. Sie gelingt nicht allzu oft. Und wo sie gelingt, da wissen die Beteiligten, daß sie *Gnade* ist: für den, dem vergeben wurde, aber auch für den, der vergeben konnte. Es ist eine Gnade, daß die dem anderen entgegengebrachte Mißgunst nicht weiterwuchern muß, daß die Sündenmacht der Mißgunst aufgehalten wird, weil es gelang, auszusteigen und eine neue Ebene zu finden.

Daß diese Gnade von Gott stammt, *seine* Vergebung ist, das mag zunächst nur als unnötige theologische Zusatzbehauptung erscheinen. Aber ist es denn wirklich unnötig, sich die Frage zu stellen, ob diese Gnade der Vergebung – des Anfangendürfens, wo bloßes Weitermachen immer tiefer in die Heillosigkeit führt – nicht nur in beklagenswert wenigen mitmenschlichen Erfahrungen zuteil wird, sondern in *jeder* ausweglos scheinenden Schuld- und Verhängnisdynamik angeboten ist, von *dem* angeboten ist, der dem Verhängnis allein gewachsen sein könnte? Ist es wirklich „unnötig", nach dem zu fragen, dessen Gnade die Unterbrechung der Unheilsgeschichten im Großen wie im Kleinen zugetraut werden darf? Der Glaube an diese Unterbrechung, an den, der mit seiner Vergebung das Vergangene nicht ungeschehen macht, ihm aber die fatale Macht nimmt, alles, was noch kommen könnte, zu beherrschen und als bloße Fortsetzung des Fatalen zu definieren – der Glaube an den, der mit seiner Vergebung Zukunft schaffen kann, er ist weder selbstverständlich noch naiv. Er ist in der Geschichte der biblischen Überlieferungen immer wieder neu versucht worden und hat sich hier mitunter in Modellen artikuliert, die den Menschen der Gegenwart vielfach nicht mehr nachvollziehbar sein werden. Aber ist er nicht doch die letzte „Bastion" der Hoffnung in einer Welt der hoffnungslos fatalen Fortsetzungsgeschichten?

Naiv wäre dieser Glaube nur dann nicht, wenn er die Glaubenden dazu provozierte, aus dieser Vergebung zu leben, als solche, die die Gnade der Vergebung kennen und diese Gnade für heilvolle Unterbrechungen aller Art in Anspruch zu nehmen versuchen. Christen versuchen es in der Spur Jesu Christi, des Gekreuzigten. Sie halten sich an ihn, weil man sein Leben als einen einzigen großen Versuch heilbringender Unterbrechung verstehen kann, als einen Versuch, der weitergehen kann, weil er am Kreuz eben nicht abgebrochen, sondern vom Vater in der Auferweckung des Gekreuzigten als Heilsweg für alle Glaubenden eröffnet wurde.

Wer sich an Jesus, den Christus, hält, wer aus der Gnade der Vergebung zu leben versucht, der hätte Anlaß, dem Weiterwuchern des Unheilvollen nicht einfach nur resigniert zuzuschauen, denn er weiß im Glauben – er ahnt zumindest – etwas von der Macht der heilvollen Unterbrechung. Und er ist herausgefordert, auf sie zu setzen.

5. Biblische Besinnung: Streiten trennt? – Streiten verbindet? (Röm 8,18-23)

Streit-Geschichten

Wer hat schon gerne Streit! Es „nervt", ruft Aggressionen hervor, macht ungeduldig, ungerecht, wenn wir miteinander in Streit geraten. Ich fühle mich aus dem inneren Gleichgewicht gebracht, einem Angriff ausgesetzt, gegen den ich mich mitunter wütend verteidige. Und immer wieder mache ich auch die Erfahrung einer gewissen Ausweglosigkeit: Der Streit führt dann zu nichts; jedenfalls weiß man am Ende – wenn man die Lust zum Streiten verloren hat – nicht recht, ob dabei etwas Sinnvolles herausgekommen ist.

Ich mache freilich auch immer wieder die Erfahrung, daß der Streit etwas in Bewegung bringt, eine gute Entwicklung voranbringt, weil dabei etwas „herauskommt", was sonst im Verborgenen geblieben wäre und „aus dem Untergrund" unsere Beziehung weiter gestört hätte. Auch in solchen Fällen ist das Streiten nicht angenehm. Aber man spürt deutlich, daß es verbindet, daß es uns neu zusammenbringt – wenn auch so zusammenbringt, daß wir uns zunächst einmal aneinander reiben.

Streit mit Gott?

Der schwierige Text Röm 8, 18-23 spricht neben vielem anderen auch vom Streit – und von seiner „Fruchtbarkeit", vom Streit zwischen Gott und den Menschen. Kann man denn überhaupt so reden: Streit zwischen Gott und den Menschen, zwischen Gott und „seinem Volk"? Streiten setzt ja so etwas wie Gleichrangigkeit voraus. Mit einem überlegenen Machthaber werde ich nicht streiten. Das wäre zu gefährlich. Und er würde sich in einen wirklichen Streit auch gar nicht verwickeln lassen. Das Alte Testament spricht tatsächlich davon, daß Jahwe sich in den Streit mit seinem Volk, mit seinen Frommen, verwickeln läßt – etwa in den Streit mit Hiob, der sich nicht einfach bieten lassen will, was Gott ihm zuzumuten scheint. Die Propheten sprechen vom Streit zwischen Jahwe und Israel (oder Juda), seinem Volk, einem Streit, der Jahwe zornig macht und bis zur Weißglut reizt – er kann es einfach nicht mehr mit ansehen, wie „sein Volk" vor den Völkern dasteht: als Ausbeutergesellschaft, die die Gerechtigkeit mit Füßen tritt, auf die Jahwe Israel verpflichtet hat und die es auszeichnen sollte (vgl. Jer 2).

Streit ist schwer erträglich

Streit ist schwer erträglich, auch für Jahwe – so scheint es. Immer wieder versucht er, zur Versöhnung mit seinem Volk zu kommen; und immer wieder mißlingt ihm die versöhnende Annäherung – so stellen es die Schriften im Alten Testament dar. Immer wieder droht der Zorn darüber Gott zu „übermannen". In dieser „Streitgeschichte" erscheint Jesus als das letzte („eschatologische"), definitive Versöhnungsangebot Gottes an sein Volk. Seine Sendung ist es, den Streit zu einem guten Ende zu bringen; aber gerade nicht so, daß er ihm aus dem Wege geht. Er weiß sich gesandt, „Feuer auf die Erde zu werfen" und Spaltung, ja Scheidung zu bringen (Lk 12,49.51). Es muß herauskommen, warum die Menschen mit Gott, dem Gott und Vater Jesu Christi, nichts anfangen können und nichts anfangen *wollen* – weil sie selbst die letzte, göttliche Instanz sein und darüber bestimmen wollen, was gelten und wichtig sein soll; wie sie sich der Herausforderung entziehen, die Jesus mit dem Bildwort „Gottesherrschaft" bezeichnet.

...und fordert Opfer

Jesus will, daß *dieser* Streit ausgetragen und zu einem guten Ende gebracht wird; daß die gegen Gott Streitenden das Verbindende entdecken, daß sie entdecken, warum sie sich gegen Gottes Herausforderung wehren, Gott abwehren. Aber er fällt diesem Streit zum Opfer. Es ist eben allemal einfacher, einen Sündenbock für die eigenen Aggressionen zu finden, als sich dem Grund des Streites zu stellen, der diese Aggressionen hervorruft.

Versöhnung?

Aber – und das ist Glaubens-Entdeckung des Paulus – Gott läßt sich auch durch diesen Akt äußerster offener Aggression gegen sein „Versöhnungsangebot" nicht davon abbringen, den Streit zu einem guten Ende zu bringen. Er macht aus dem Kreuz – dem Zeichen des Hasses, der Aggressionen gegen Gottes Herausforderung – das endgültige Versöhnungszeichen *(hilasterion;* vgl. Röm 3,25ff.). Er schenkt die Kraft zur Versöhnung denen, die *glauben*: die zur Besinnung kommen und „wahr-nehmen", wie Gott den gegen ihn streitenden Menschen in Jesus Christus nahekommen, wie er in ihm den Streitenden seine „Hand" reichen will – und *wozu* er ihnen die Hand reicht.
Ist das nicht alles abgehobene, unaktuell gewordene Theologie? Haben wir denn noch Streit mit Gott? Belastet uns nicht viel mehr der Streit unter uns, der Streit der Interessengegensätze in Gesellschaft und Kirche, in den Familien, der ausweglos scheinende Streit zwischen Wohlhabenden und Armen auf unserer Welt, zwischen besinnungslos zuschlagenden Nationalisten und Rassisten? Was hat das alles zu tun mit einem Streit zwischen Gott und den Menschen – und was nützt es, wenn *dieser* Streit zu einem guten Ende gekommen sein sollte?

Streit mit Gott – mit uns selbst

Vielleicht hilft hier eine Erfahrung weiter, die die Menschen immer wieder neu machen mußten: daß aller Streit mit dem Streit zu tun hat, den wir in uns selbst tragen, dort aber meist nicht austragen, sondern nach außen kehren und draußen „inszenieren", indem wir Feindbilder und „Empörungspotentiale" aufbauen: Wir wissen eigentlich ganz gut, wie es besser werden könnte und müßte, mit uns und durch uns; wir kennen die Herausforderung, an der – wenn wir sie annähmen – uns das Leben zur Verheißung werden könnte. Aber wir weichen ihr aus, wo und wie immer wir können. Und es sind die anderen, gegen deren bösen Willen man nichts machen kann – die Feinde; es sind die anderen, an denen immer alles scheitert, an denen der Streit sich immer wieder neu entzündet.

Vielleicht war gerade dies die Erfahrung des Paulus, eines – wie er selbst von sich sagt – innerlich zutiefst „zerrissenen" Menschen: Die Quelle des ausweglosen Streits in mir versiegt – mehr oder weniger –, wenn ich mich in meiner ganzen Zerrissenheit und Gespaltenheit Gott zumute, vor Gott „wahrnehmen" und auf ihn hin aussprechen lerne. Daß ich dann vor Gott ratlos und sprachlos werde, ja daß ich auch mit ihm „über Kreuz" komme, weil er mir Unzumutbares – *mich selbst* – zuzumuten scheint, das wird nicht ausbleiben. Daß er aber in dieser Zumutung selbst greifbar wird, daß er gerade hier nach uns greift, uns mit sich zusammenhält, wo wir es mit uns selbst kaum noch aushalten können und um uns schlagen – das wäre die Versöhnungserfahrung, die von Ihm ausgeht, für die Er geradesteht, für die das Kreuz steht.

Ob es dazu kommt, daß wir – Sie, ich – die Versöhnung erfahren dürfen, die von Gott ausgeht, für die Jesus Christus und sein Kreuz stehen? Ob wir erfahren dürfen, daß Gott uns mit sich und mit uns selbst zusammenhält und zusammenbringt, wenn wir mit uns im Streit liegen? Ob davon dann auch Versöhnung ausstrahlt in die vielen Streitgeschichten, in die jeder von uns verstrickt ist? Wir müssen und wir dürfen es ausprobieren, indem wir Gott da hineinziehen, geradezu anfordern, wo das Streiten uns mehr trennt, als es uns verbindet.

VII. Jesu Opfer: Gott dargebracht?

1. Die Last einer unverstandenen Tradition

Theologische Handbücher etwa der Dogmatik lasen sich vielfach wie Auskunfteien, die mitunter etwas geschwätzig, aber in der verläßlichen Attitüde des Bescheidwissens erläutern konnten, wie Gottes Handeln und seine Anordnungen zum Heil der Menschen begründet und zu verstehen sind. Sie konnten in unserem Jahrhundert freilich kaum noch – und je länger desto weniger – dem Eindruck der „Weltfremdheit" ihres Wissens, ja noch dramatischer: der abgrundtiefen Unverständlichkeit ihres Verstehens standhalten. DIETRICH BONHOEFFER gehörte zu denen, die sich nicht verheimlichten, was da geschah. Er sprach immer wieder von der Verstehensbarriere, die ein säkulares Weltverständnis von religiöser Sprache und dem selbstverständlichen Gebrauch religiöser Kategorien trennt; in einem Brief aus dem Mai 1944 stellt er geradezu programmatisch fest:

„...auch wir selbst sind wieder ganz auf die Anfänge des Verstehens zurückgeworfen. Was Versöhnung und Erlösung, was Wiedergeburt und heiliger Geist, was Feindesliebe, Kreuz und Auferstehung, was Leben in Christus und Nachfolge Christi heißt, das alles ist so schwer und so fern, daß wir es kaum noch wagen, davon zu sprechen. In den überlieferten Worten und Handlungen ahnen wir etwas ganz Neues und Umwälzendes, ohne es noch fassen und aussprechen zu können. Das ist unsere eigene Schuld. Unsere Kirche, die in diesen Jahren nur um ihre Selbsterhaltung gekämpft hat, als wäre sie ein Selbstzweck, ist unfähig, Träger des versöhnenden und erlösenden Wortes für die Menschen und für die Welt zu sein. Darum müssen die früheren Worte kraftlos werden und verstummen, und unser Christsein wird heute nur in zweierlei bestehen: im Beten und im Tun des Gerechten unter den Menschen" (Widerstand und Ergebung, München-Hamburg ^{4}1967).

Abstandnehmen vom „bloß Religiösen"; das Aushalten der Religionslosigkeit vor Gott im Gebet und im Einsatz für Gerechtigkeit – gibt es dazu noch eine „religiöse" Alternative? Die religiöse Alternative wird vielfach beschworen, mitunter gar erzwungen. Religiöse Schwärmerei, das Sich-Hineinzappen in exotische religiöse Traditionen, hat seinen Markt. Die fundamentalistische „Wiederherstellung klarer religiöser Verhältnis-

se" stieg zum weltpolitischen Feindbild Nr. 1 auf und wird wohl auch für die christlichen Kirchen immer mehr zur Schicksalsfrage.
Religion ist – so zeigt sich – weder einfachhin überwunden, noch ist sie selbst die Heilung eines Zwiespalts, den sie vielleicht nur besonders deutlich ausdrückt. Und dieser Zwiespalt kommt gerade in Opferpraktiken und Opfervorstellungen der Religionen bis weit in ihre Säkularisate hinein zum Ausdruck: Was auch aus den „alten" Religionen dabei jeweils geworden sein mag, Opfer fordern und legitimieren sie wie eh und je.
Mit dem Stichwort Opfer ist indes nicht nur ein religiös und dann auch theologisch relevanter Sachverhalt angesprochen, sondern eine spezifische Einstellung zur Lebens- und Weltwirklichkeit insgesamt, eine spezifische „Erfahrung mit der Erfahrung" (E. JÜNGEL). Spricht man von Opfern, so hat man entweder eine konfliktträchtige, unheilvolle Wirklichkeit im Blick, die *Opfer fordert* – etwa die Opfer im Straßenverkehr oder die Opfer von Kriegen: Sie sind der *Preis* solcher Verhältnisse, wehrlos dargebracht einem gefräßigen Moloch, der sie sich sinnlos nimmt. Oder man bezieht sich auf Opfer, die einer göttlichen Wirklichkeit darzubringen sind, damit von den Darbringenden Unheil abgewendet werde. Nur der zuletzt genannte Opferbegriff scheint religiös relevant zu sein – wobei vermutet werden darf, daß die Rede von den Opfern des Straßenverkehrs die geradezu religiöse Bedeutung der Mobilität für moderne Lebens- und Welterfahrung zur Sprache bringt.
Religiös verstandene und dargebrachte Opfer sollen *abwenden*, sind eine *Vorleistung* dafür, daß das Unheil nicht geschieht, das einem droht; oder sie sollen die *Begleichung* einer Schuld leisten, die in der Währung des Leidens eingefordert würde, wenn man sie nicht ordnungsgemäß begliche. Opfer sind der Versuch, auf das Unwägbare Einfluß zu nehmen, die Macht, die das Schicksal zu bestimmen scheint, günstig zu stimmen, ihr möglichst keine Handhabe zu lassen, sich mit der Zufügung eines üblen Schicksals schadlos zu halten. Diese Macht muß offenbar zufriedengestellt werden; sie fordert, was ihr zusteht, und sie holt es sich, wenn man es ihr nicht freiwillig – eben im Opfer – überläßt.
Wer so vom Opfer spricht, der hat freilich schon eine kritische Perspektive eingenommen und das Opfer als unwürdigen

„Deal" zwischen den einem unwägbaren Schicksal ausgelieferten Menschen und der als schicksalsbestimmend angesehenen Macht *entlarvt*. Diese kritisch-entlarvende Rekonstruktion des Opferkultes hat seit der Aufklärung das Feld beherrscht und Religion nachhaltig in Mißkredit gebracht. Und sie ist mit der – wie sich zeigte: voreiligen – Selbstgewißheit vorgetragen worden, Religion damit endgültig erledigt zu haben. FRIEDRICH NIETZSCHE spitzte sie mit unerreichter Schärfe auf das Christentum und seinen Glauben an die Heilswirksamkeit des stellvertretenden Opfers Jesu Christi hin zu. Nach seiner Rekonstruktion ist es die Wahrnehmung des Leidens als verdientes Verhängnis, als Strafe, das die Menschen dazu brachte, sich immer radikaler als vor Gott Schuldige zu fühlen. Und die so abgrundtief in Schuld Geratenen sehen sich auf Leben und Tod gezwungen, nach einem Ausgleich für diese ihr eigenes Leistungsvermögen unendlich überfordernde, so viel Unheil heraufbeschwörende Schuld zu suchen. So verschafften sie sich schließlich „eine zeitweilige Erleichterung" mit dem genialverheerenden Grundgedanken christlicher Soteriologie, dem *„Schuldopfer* und zwar in seiner widerlichsten, barbarischsten Form" als „Opfer des *Unschuldigen* für die Sünden der Schuldigen": „Gott gab seinen Sohn zur Vergebung der Sünden, als *Opfer*" (Der Antichrist, Aph. 41, KSA 6, 214f.).

Ist damit nicht alles über den religiösen Opferkult gesagt, alles gesagt auch über eine Soteriologie, die Jesu Leiden als Opfer deutet und den Verdacht nie ganz ausräumen konnte, sein Leiden und Sterben am Kreuz sei notwendig gewesen, damit der von den Sünden der Menschheit unendlich beleidigte göttliche Vater Genugtuung erlange? Aufgedeckt ist vielleicht noch viel mehr: eine „Opferlogik", die menschliches Verhalten immer noch tiefer und umfassender bestimmt als es eine oberflächliche Religions- und Soteriologiekritik für möglich hielte.

2. Eine Logik des Bezahlenmüssens?

Es gehört zu den elementaren und abgründigsten – in moderner Wirklichkeitswahrnehmung ja nur überdeckten oder verdrängten – Erfahrungen, einem „irrationalen", „ungerechten", „blinden", jedenfalls unvorhersehbaren Schicksal *ausgeliefert* zu sein, es nur hinnehmen, sich mit ihm allenfalls arrangieren, hilflos gegen es rebellieren oder es beklagen zu können. In der Situation äußerster Hilflosigkeit handlungsfähig zu bleiben oder zu werden, das scheint der Sinn nicht nur vieler religiöser, sondern auch mancher nur auf den ersten Blick „rationaler" Alltagspraktiken zu sein: Man muß die Dinge letztlich zwar nehmen, wie sie kommen; aber man wird alles tun, damit sie so kommen, wie man sie nehmen möchte.

Man kann aber nur etwas tun, wenn die Instanz, die das Unvermeidliche schickt, zugänglich und beeinflußbar ist, wenn ihr Zufügen selbst einer Logik unterliegt, die man nachvollziehen und auf die man sich einstellen kann. Und es kann nur eine Logik des Ausgleichs sein, nach der man für Böses verdientermaßen bestraft und für Wohlverhalten verdientermaßen belohnt wird, nach der man sich Wohltaten erkaufen und vom Unglück sich freikaufen muß. Ein alles umfassendes, *metaphysisches Gleichgewicht* ist offenbar immer schon aus dem Lot und muß immer schon wiederhergestellt werden – durch auferlegte oder freiwillig erbrachte Ausgleichsleistungen, damit es jedem so ergeht, wie er es verdient: Das Gute wie das Böse, das uns vom Schicksal bereitet wird, ist nicht umsonst; das Gute muß verdient oder bezahlt werden, und das Böse ist die Vergeltung dafür, daß wir uns *zuviel herauszunehmen* versuchten, mehr als uns zustand. Das Schicksal ist hier also immer „unterwegs" dazu, das Zuviel oder Zuwenig auszugleichen, jenes Gleichgewicht wiederherzustellen, das durch die Eingriffe der Menschen immer wieder neu aus dem Lot gebracht wird (diese Logik beschreibt PAUL RICOEUR in seinem Aufsatz: Interpretation des Strafmythos, in: ders., Hermeneutik und Psychoanalyse, dt. München 1974, 239-265).

Die Vorstellung des *ausgewogenen Gleichgewichts* von Tun und Ergehen liegt jener Gerechtigkeitserwartung zugrunde, die die religiöse Mindestanforderung an einen letztlich von Gott gewährleisteten „Sinn" des Lebens und der Wirklichkeit im Ganzen zu formulieren scheint. Wozu bräuchten wir Gott, wenn er nicht einmal für diese metaphysische Gerechtigkeit einstünde? Wie sollte der Lauf der Welt überhaupt noch einen Sinn haben können, wenn er nicht – weil Gott es so fügt – auf den endzeitlichen Ausgleich zuliefe?

Diese typisch neuzeitliche Formulierung einer Mindestanforderung an den Sinn der Wirklichkeit, an eine vernünftig nachvollziehbare Rolle Gottes angesichts einer ohne Gott irrationalen Wirklichkeit, hat ihre Wurzeln in biblischer Glaubensüberlieferung ebenso wie in griechischem Gottdenken; und es liegt nahe, in ihr so etwas wie ein religiös-metaphysisches Grundbedürfnis zu sehen, das Bedürfnis nach einer „letzten Instanz", die es nicht zulassen wird, daß die Täter über ihre Opfer triumphieren werden (vgl. P. BERGER, Auf den Spuren der Engel. Die moderne Gesellschaft und die Wiederentdeckung der Transzendenz, dt. Frankfurt a. M. 1970, 95ff.), nach einer eschatologischen Revisionsinstanz, an die all jene appellieren und auf die alle hoffen dürfen, die vor dem Weltgericht der Weltgeschichte nicht zu ihrem Recht kamen.

Hinter diesem juridisch sich artikulierenden Gerechtigkeitsbedürfnis wird man vielleicht ein noch tiefer reichendes *Entschuldungsbedürfnis* erkennen können. Leben bedeutet ja unvermeidlich Sich-Herausnehmen und Zerstören, Leben auf Kosten von... In der Religionsgeschichte begegnet deshalb oft, wenn nicht überall das Motiv des „Rückerstattungsopfers": das Opfer als Tribut dafür, was man sich herausgenommen hat, um leben zu können, damit es einem nicht „mit Zins und Zinseszins" dereinst in Rechnung gestellt wird; das Opfer als Versuch, die Schuld abzutragen, die mein Selbsterhaltungswille aufgehäuft hat – religionsgeschichtlich: als Opfer an die Gottheit, die sich opfern muß, damit die Menschen leben können. Und die vorenthaltene Rückerstattung ruft den Zorn der Gottheit hervor, veranlaßt sie gleichsam, sich mit Gewalt zu nehmen, was man ihr nicht freiwillig überläßt.

NIETZSCHE hat gesehen, daß dieses religiös-metaphysische Grundbedürfnis die Wahrnehmung und den Umgang mit der Wirklichkeit insgesamt entscheidend bestimmt: Was dem Menschen widerfährt, was ihm gelingt oder mißlingt – nichts ist *selbst-verständlich*; alles verlangt nach Erklärung, nach Beurteilung und Legitimation. Das Schicksal ist nicht blind, es trifft nicht regel- und grundlos; so will es der Religiöse. Im Schicksal ist vielmehr ein entdeckbares Wollen am Werk, mit dem er meint, in Kontakt kommen zu können. Im Schicksal stellt sich – zumindest langfristig – ein Ausgleich her, der nach dem Kriterium der Verteilungsgerechtigkeit gerecht oder fair genannt zu werden verdient. NIETZSCHE hat die Naivität dieser religiösen Perspektive immer wieder kritisch aufgespießt. Und er hat an ihre Stelle die Kälte und „Männlichkeit" eines Blicks zu setzen versucht, der den Sinn nicht im Schicksal vorzufinden erwartet, sondern ihn der entschlossenen, das Schicksal umschmiedenden Tat vorentwirft (vgl. etwa Also sprach Zarathustra. Zweiter Teil, KSA 4, 179 bzw. Dritter Teil, KSA 4, 209). Der Übermensch wird dem Schicksal gewachsen sein, selbst zum Schicksal werden, statt sich ihm zu unterwerfen und einen höheren Sinn in ihm zu suchen.

Es spricht freilich viel für die Vermutung, daß diese männliche Übermenschenideologie letztlich doch ein Ausweichen ist, oder ein reichlich illusionäres Übertrumpfen des metaphysischen Skandals, der ohne weitere Ausflüchte zu konstatieren wäre, wenn es um die religiöse Grundgewißheit einer allumfassenden Verteilungsgerechtigkeit tatsächlich geschehen ist. Der metaphysische Skandal, das ist der Widerspruch zwischen Sinn und Sein, zwischen dem, was der Fall ist, und dem, was doch sein – oder eintreffen – muß, wenn das Wirkliche nicht ein einziger Zynismus, eine einzige widerwärtige Unrechtsrealität nach der „Logik" der jeweils stärkeren Waffen sein soll. Wenn die religiöse Naivität nur dies wäre: das Sich-nicht-abfinden-Können mit diesem Skandal, dann wäre sie so naiv nicht, wie seit NIETZSCHE viele ihr unterstellen. Dann wäre sie freilich auch nicht so machtbewußt-durchtrieben, es immer nur mit den Stärkeren und Erfolgreichen zu halten, wie ihr seit MARX genausoviele vorhalten.

Religiöse Naivität als letzter Hort des Widerstands gegen die *Selbst-Verständlichkeit* dessen, was der Fall ist und so, wie es eintrifft, zum Himmel schreit? Religiöses Verstehenwollen als Sich-nicht-Abfinden mit dem Selbst-Verständlichen, Nichtmehr-Befragbaren, mit der Blindheit eines Zufalls, der ist, weil er ist, trifft, weil er zufällt, und es auf das Wollen, auf die Sehnsucht der Ohnmächtigen nicht im Geringsten ankommen läßt? Ehe man sich auf den Flügeln der psychoanalytischen oder wissenssoziologischen Aufklärung über solche Naivität erhebt, möge man ein wenig bei dem metaphysischen Gewicht des „Stolpersteins" verweilen, über den die Religion einfach nicht hinwegkommt: die skandalöse Ungerechtigkeit dessen, was der Fall ist und dem einen Leid und Grauen, dem anderen aber Lebensgenuß im Übermaß zufallen läßt. Man setzt zu schnell über diesen Stolperstein hinweg, deutet man ihn nur als Anstoß, ungerechte Verhältnisse endlich zu ändern. Man macht es sich zu leicht mit ihm, sieht man die Ungerechtigkeit des Lebens immer schon überholt und aufgehoben von der Gleichheit aller im Tod. Aber vermag denn die Religion etwas gegen das Gewicht dieses Stolpersteins?

Vielleicht traut sie sich ja zuviel zu, wenn sie *verstehen* will, was *so* ist, weil es eben nicht anders kam – was die Wege doch immer nur abriegelt, die Hoffnungen erschlägt, blind sich gewährt oder verweigert. Vielleicht wird ihr Verstehen fahrlässig schnell „penetrant", alles durchdringend, damit es tröstlich werden kann, damit es beim bloßen, hilflosen Nicht-einverstanden-Sein mit dem, was ist, nicht bleiben muß. Vieles in den religiösen Traditionen verdankt sich wohl dieser Penetranz des Verstehenwollens, vieles gerade auch im Christentum und in seinem Erlösungsglauben. Gott wird solchem Verstehenwollen ja geradezu zwangsläufig zum Inbegriff der vermißten (Verteilungs-)Gerechtigkeit, zu dem, der sie endlich doch herbeiführen muß. Schließlich wird er zu dem, dessen Gerechtigkeit eher zu fürchten und nicht mehr zu ersehnen wäre – angesichts des Übermaßes der Sünde, des Übermaßes an Leid, das die Menschen einander antun, angesichts der Unmenschlichkeit, mit der sie ihren Lebenshunger zu stillen versuchen. Wer nach Gerechtigkeit fragt und sie von Gott einklagt, der wird schnell zum Angeklagten, vom Begünstigten des großen Ausgleichs zu einem, der – wenn es nach der Gerechtigkeit zugeht – draufzahlen muß.

Wenn aber die Gerechtigkeit der „letzten Instanz" nicht mehr die religiös erhoffte Gegen-Wirklichkeit ist zu dem, was der Fall ist, sondern der Drohhorizont hinter *diesem* Leben, bei dem alle doch irgendwie versuchen, trotz allem und gegen alle auf ihre Kosten zu kommen, ist sie dann mehr und anderes als die Verdoppelung des erbarmungslosen Schicksals? Oder kann Gott doch noch auf den Wegen der Gerechtigkeit die Bedrohlichkeit seiner Gerechtigkeit überholen? Die westliche Erlösungstheorie von der stellvertretenden Genugtuung versucht, genau dies zu entdecken. Sie sieht Gott in der Rolle dessen, der um eines gerechten Ausgleichs willen dazu „verurteilt" scheint, die unendlich verdammenswerte Schuld des Menschengeschlechts durch die unendlich wertvolle, stellvertretende Sühne-

leistung seines Sohnes auszugleichen und so in ihrer unheilwirkenden Konsequenz aufzufangen. Die letzte Instanz Gott sieht hier keine rechtlich einwandfreie Möglichkeit mehr, den verdammenden Schuldspruch über das Menschengeschlecht am Ende der Zeiten zu umgehen, es sei denn sein eigener Sohn trete freiwillig in die Schuldhaftung ein und erleide am „eigenen Leib", was das Menschengeschlecht hätte treffen müssen – ohne daß es letztlich hätte ausgleichen können, was die Menschen sich in der Sünde herausgenommen hatten.
Diese Soteriologie wäre gleichsam die Kehrseite des metaphysischen Gerechtigkeits- und Ausgleichsbedürfnisses: die „letzte Instanz" nicht als die letzte Revisions-Hoffnung der von der Geschichte um ihr Recht Gebrachten und ungerecht Abgeurteilten, sondern von der Schuld der Menschen selbst dazu verurteilt, das Schöpfungswerk durch Stellung einer rechtsgültigen Ersatzleistung zu retten, sie durch ein unendlich wertvolles stellvertretendes Opfer von einer hoffnungslos hohen Rückerstattungspflicht freizustellen; Gott gleichsam unter dem Diktat einer Logik, die noch das Kreuz verstehbar, aber den Gott, der sich ihr unterwerfen muß, umso rätselhafter macht, wenn nicht gar zum abstoßenden Götzen stempelt. Ist die Soteriologie festgelegt auf diese Logik, wenn sie die erlösende Sendung Jesu Christi in Wiederaufnahme biblischer Deutungsversuche als Opfer oder als stellvertretende Sühneleistung zur Sprache zu bringen versucht?

3. Opfer und stellvertretende Sühne

Das Neue Testament thematisiert Jesu Sendung und sein Sterben in durchaus unterschiedlichen theologischen Kontexten als Opfer oder stellvertretende Sühneleistung: in den Abendmahlsüberlieferungen etwa als das Gründungs- bzw. Stiftungsopfer des Neuen Bundes, bei Paulus als die Schlachtung des wahren Paschalamms (1 Kor 5,7), das nach Joh 1,29.36 (und der johanneischen Passionsgeschichte, die Jesu Sterben mit dem Geschlachtetwerden der Paschalämmer im Tempel parallelisiert) wie auch nach 1 Petr 1,19 in seinem Blut den neuen Exodus aus der Sünde der Welt eröffnet. Paulus, der Hebräerbrief und – weniger ausgeprägt – 1 Joh beziehen sich auf alttestamentliches

Sühnedenken, wobei man sich aber auch hier hüten muß, die abendländische Wirkungsgeschichte der Sühnesoteriologie in die biblischen Quellen zurückzuprojizieren. Deren Sühneterminologie schließt sich ja – wie etwa ADRIAN SCHENKER gezeigt hat (vgl. von ihm: Versöhnung und Sühne. Wege gewaltfreier Konfliktlösung im Alten Testament, Freiburg i. Ue. 1981) – an das Rechtsinstitut der Lösegeld-Gabe (hebr.: *koper*) an, mit der das durch ein schweres Vergehen gegen einen Volksgenossen verwirkte Leben durch „Ersatzleistung" *ausgelöst* werden konnte. Die Lösegeld-Gabe war Versöhnungsangebot, Ersatzleistung und Lösepreis zugleich; und dieser vorkultische Sinn des Wortes spielt etwa in Jes 43,3 eine Rolle, wo davon die Rede ist, daß Jahwe selbst Israel auslöst, um es aus dem Verhängnis zu retten, in das es sich verstrickt hat.

Die soteriologische Figur *Auslösung durch einen (nahestehenden) Anderen*, die in Jes 43,3 assoziiert ist, setzt ein anderes Rechtsinstitut voraus: Der *goel* (hebr.) löst den in Verschuldung oder Schuldsklaverei geratenen Verwandten aus; er stellt mit seinem Einsatz für den um seine Lebensgrundlage Gebrachten die ursprünglichen, schöpfungsgemäßen Verhältnisse wieder her, in denen der Israelit von den Gaben des Bodens leben konnte. Bei der Übertragung des *Goel*-Instituts auf Jahwe (vgl. etwa Ijob 19,25a: Ich weiß, daß mein Löser lebt) wird der Gott Israels in der Rolle dessen vorgestellt, der sein erwähltes Volk oder einzelne in ihm aus der Gefangenschaft in schöpfungswidrigen Unrechtsverhältnissen auslösen und sie von neuem in den Besitz der guten Güter der Erwählung setzen will.

Sei es der Konflikt, der durch *koper* beigelegt wird; sei es die schöpfungswidrige „Ent-Fremdung", die durch Auslösung – die Solidarität des *goel* – aufgehoben wird: Es geht jeweils um die Unterbrechung eines Unheilszusammenhangs, der entweder die Konfliktgegner auf den heillosen Mechanismus gegenseitiger Schädigung festlegte oder die gute, schöpfungsgemäße Ordnung durch das Auseinanderbrechen der Gesellschaft in Ausbeuter und Ausgebeutete zersetzte. Wer als *goel* tätig wird, steht ein für den guten neuen Anfang jenseits der Gefangenschaft in Unrechtsverhältnissen. Wer *koper* gibt oder annimmt, der löst sich und den Konfliktgegner heraus aus einer fatalen Zwangsläufigkeit des Schädigens, in der geradezu zwanghaft der Schaden durch Schädigen wieder „gut" gemacht werden soll. Er versucht, herauszukommen aus dem Gefängnis einer ausgleichenden Gerechtigkeit, die doch nur nach der Logik des Bezahlenmüssens funktioniert und gerade deshalb immer neue „Schulden" aufwirft, immer neu Anlaß gibt, den vermeintlichen Ausgleich zu erzwingen. Jahwe löst Israel aus seiner Schuldknechtschaft aus; er gibt selbst *koper*: Er holt es heraus aus dem Gefängnis eines Kräfte-Spiels, auf das es sich gegen Jahwes Willen eingelassen hatte, in dem es nun hilflos zerrieben würde, wenn nicht sein Gott ihm den Ausweg – den neuen Exodus – eröffnete. In Mk 10,45 bezeichnet Jesus sich selbst als die Lösegeld-Gabe Gottes für die Auslösung Israels und der sündigen Menschheit, ein Sprachgebrauch, der in 1 Kor 6,20; 7,23; Gal 3,13 und 1 Petr 1,18f. aufgegriffen und auf den Opfertod Jesu bezogen wird.

Der eher profane Sprachgebrauch wächst mit der kultischen Terminologie zusammen, wie sie in Lev 16 grundgelegt ist: Jahwe übergibt dem Volk das ihm vorbehaltene Blut der Opfertiere, damit es durch das Blut Sühne erlange. Sühne wendet die fatale Zwangsläufigkeit des von der Sünde in die Welt gebrachten Bösen ab. Das Böse ist hier als objektive, selbstwirksame Realität gedacht, als „unheilwirkende Tatsphäre" (KLAUS KOCH), die sich in den sozialen Beziehungen und in der Beziehung des Volkes zu Jahwe ausbreitet und das entsprechende Verhängnis auf alle herabzieht, die sich in dieser Unheilssphäre aufhalten müssen und dadurch vom wuchernden Unheil angesteckt sind.

Seine vernichtende Kraft kann das Unheil nur verlieren, wenn die mit ihm „kontaminierten" Menschen (aber auch Orte wie das Heiligtum oder Privathäuser) gereinigt und damit aus der Machtsphäre der sich selbst fortzeugenden Sünde ausgelöst werden. Das Blut des Opfertieres schafft weg, was den heilvollen Lebenszusammenhang zwischen Gott und Menschen geschädigt, Gottes heilvolle Gegenwart inmitten seines Volkes „unmöglich" gemacht hat. Es öffnet von neuem den Zugang zu seiner heilvollen Gegenwart. Dieses Ritual ist freilich ausgerichtet auf die Umkehr; es muß sich auswirken in der Abwendung von der Sündenmacht, die ja nicht nur ein äußerliches Verhängnis ist, und in der erneuerten Hinwendung zu Jahwe, der Erneuerung des Bundes mit dem, von dem her allein Heil geschieht. Insofern wäre das Sühneritual eben auch als *Um-*

kehrritual zu betrachten, in dem sich die Sünder ihrem Vergehen stellen und sich – in Gestalt des geopferten Tieres, mit dem sie sich identifizieren – dem heiligen Gott anbieten und übergeben. Im Sühneritual werden Herauslösung und Übergabe an Jahwe begangen: Jahwe selbst wirkt sie und nimmt sie an, aber erst in der Umkehr der am Ritual Teilnehmenden gewinnen sie Realität.

Auf diese kultische Terminologie wird im Alten Testament dann auch vereinzelt Bezug genommen, um den gewaltsamen Tod eines Unschuldigen als Sühneopfer für sein Volk – zur Abwendung des ihm wegen seiner Sünde drohenden Verhängnisses – zu deuten (Jes 43,25; 53,4 sowie 2 Makk 7,37f.). In diesem Sinne beziehen Paulus (Röm 3,25; 8,3), der Hebräerbrief (2,17) sowie der 1. Johannesbrief (2,2) die Sühneterminologie auf das Lebensopfer Jesu.

Auslösung aus der Schuldknechtschaft durch den *goel; Herauslösung des Volkes* – derer, für die gelitten wird – aus einem Sünde-Unheil-Verhängnis durch das Leiden eines Unschuldigen; die erneuerte Gemeinschaft mit dem, der zu Recht „Ich bin für euch da" (Ex 3,14) heißt: hier schließt sich zwanglosassoziativ die Vorstellung vom neuen, vollkommenen Paschalamm an, mit dessen „Schlachtung" die Gefangenschaft unter der Herrschaft des Bösen ihr Ende findet; *symbolisch-identifikatorische Übergabe der Opfernden* an den, dem das stellvertretende Opfer dargebracht wird: hier ist der Gedanke des Neuen Bundes nicht mehr weit, in dem die Glaubenden sich Gott übergeben können, weil Gott zuvor ihnen in seinem Sohn an seinem Leben Anteil gab.

Sind diese juridisch-kultische Logik und die daran anschließende Erlösungslehre heute noch nachvollziehbar? Oder haben sich die weltanschaulichen Basisplausibilitäten so tiefreichend verändert, daß gar nicht mehr verstanden werden kann, wie etwa Paulus das Sühnemotiv als erhellend für das Verständnis des erlösenden Kreuzestodes Jesu Christi ansehen konnte? Im Grunde hat man schon in der hellenistisch-römischen Kultur und erst recht in der des germanisch geprägten Mittelalters nur noch ausschnitthaft zu würdigen vermocht, was Auslösung und Sühne für Israel bedeutete. In den Vordergrund trat immer mehr jene Logik des Bezahlenmüssens, nach der Sühne eine Ersatzleistung war, ohne die der metaphysische Ausgleich nicht hergestellt, die Forderung der göttlichen Gerechtigkeit nicht erfüllt und deshalb auch die Voraussetzung für eine Verschonung der Übeltäter nicht geschaffen war. Also *mußte* Gott selbst um diesen Ausgleich besorgt sein; und er sandte seinen Sohn, damit er leiste, was das Menschengeschlecht überfordert hätte: die „gerechte Sühne" für die zum Himmel schreiende Sünde der Menschen.

Was das Moment der erfüllten Gerechtigkeit angeht, so ist die Sühnesoteriologie des Paulus vielleicht gar nicht so weit entfernt von diesen Vorstellungen. Sie reflektiert ja die Erfahrung einer nur *in Jesus Christus* überwindbaren und überwundenen Heillosigkeit, einer Verhängnislast, die von den Israel geschenkten Entsühnungsriten nicht mehr wirksam aufgehalten werden konnte und über das Volk kommen müßte, wenn Gott in Jesus Christus nicht eine grundlegend neue Heilsmöglichkeit begründet hätte. Paulus legt alles argumentative Gewicht darauf, daß Gott die ausweglose Unheilswirklichkeit, in der die Menschen durch ihre Sünde festgehalten sind, nicht etwa ignoriert. Sie manifestiert sich am Kreuz Jesu Christi in ihrer ganzen Abgründigkeit – und ist zugleich in ihm überwunden. So weist sein Sterben nach der Paulusdeutung HEINRICH SCHLIERS

„als Sühnemal und Sühnemittel die Gerechtigkeit Gottes für Vergangenheit und Gegenwart auf. In Jesu Sterben sind die Sünden der Menschen in den Tod getragen und eben darin gesühnt. Die Sünden sind von Gott nicht vergessen, sie sind nicht übersehen, sie werden nicht gering geachtet, sie werden nicht mißachtet, sie sind in ihrem Gewicht zur Auswirkung gekommen in diesem sühnenden Jesus Christus. Gott hat den Sünden ihre Todesmacht, ihre Formation im Tod nicht abgenommen – er hätte dann ja seine eigene Gerechtigkeit vernichtet. Die Sünden haben getötet, aber er hat in seinem Sohn der Sünden Tod auf sich genommen und so im liebenden Annehmen und Aushalten seine Gerechtigkeit erfüllt und aller Welt erscheinen lassen" (Grundzüge einer paulinischen Theologie, Freiburg-Basel-Wien 1978, 160).

Eine für das theologische Verständnis von Erlösung zentrale Frage ist nun die, ob dieses am Grundgedanken der ausgleichenden Gerechtigkeit orientierte Sühneverständnis normativ bleiben muß; ob es etwa noch in der Zuspitzung normativ bleiben muß, die es in der westlichen, an ANSELM VON CANTERBURY anschließenden Tradition erfahren hat: Jesu Tod verstanden als am Stellvertreter vollstreckte Todesstrafe, mit der der von den Sündern beleidigten Herrscher- und Schöpferehre

Gottes Genugtuung widerfahren mußte. Wer an dieser Normativität meint festhalten zu müssen, der macht theologisch grundsätzlich geltend, daß der Sünder vom Unheil der Sünde „nur befreit werden (kann) durch das Gnadengericht Gottes, in dem der Sohn den Platz der Sünder einnimmt, wir den der Gerechtfertigten" (H.-J. LAUTER, Den Menschen Christus bringen. Theologie für die Verkündigung, Freiburg i. Br. 1981, 76). Das Kreuz muß in dieser Sicht die eigentliche Ursache (die „Verdienstursache", so das Konzil von Trient, DH 1529) der Erlösung sein. Es wäre danach nicht hinreichend ernstgenommen, verstünde man es nur als Zeichen der immer noch größeren Liebe Gottes, des immer noch größeren – über allen menschlichen Verrat hinausreichenden – Sendungsgehorsams Jesu.

Ich plädiere an dieser Stelle für mehr soteriologische Zurückhaltung, so sehr mir das Grundmotiv der Sühnesoteriologie unverzichtbar scheint: das Ernstnehmen der Sünde in ihrem *objektiven* Charakter, der es verbietet, sie durch den bloßen Willensakt Gottes beseitigt zu sehen. Sünde ist eine *Macht*, der Gott sich in Jesus Christus selbst aussetzt, der diejenigen sich aussetzen müssen, die in den Spuren Jesu Christi, des Gekreuzigten, ihren Weg der Nachfolge suchen. Aber das Kreuz Jesu ist *Ursakrament des Heils* gerade darin, daß zuerst und ursprünglich von ihm gilt:

„Wo aber die Sünde sich gehäuft (lastend mächtig wurde), nahm die Gnade überhand, damit – wie die Sünde im Tod zur Herrschaft gelangt war – (nun) die Gnade herrsche durch Gerechtigkeit zu ewigem Leben, durch Jesus Christus, unseren Herrn" (Röm 5,20f.).

Daß die Gnade übermächtig wurde im Kreuz Jesu Christi, es „transsubstantiierte" vom Schandmal der Sünde zum Versöhnungsort, das ist die Grundgewißheit christlichen Erlösungsglaubens. Diese Grundgewißheit gründet sich auf die erlösende Treue Gottes, auf den Weg Jesu Christi und auf die Erfahrung der Glaubenden, von Gottes Heilshandeln ergriffen und – in der Nachfolge Christi – der Herrschaft der Sünde nicht mehr rettungslos ausgeliefert zu sein. Gott schafft Sühne: Er unterbricht den fatalen Sünde-Unheil-Zusammenhang, der ja auch am Kreuz noch einmal seine Unentrinnbarkeit zu beweisen schien; er löst die Glaubenden in Jesus Christus durch die Gnade – die

Gnade der Nachfolge – aus dem unentrinnbaren Verhängnis aus. Er schenkt ihnen seine heilvolle Nähe und die Möglichkeit zu einem neuen Exodus in der Nachfolge des *archegos* (Apg 3,15; Hebr 2,10), dessen, der den Weg aus dem Tod ins Leben öffnet.

4. Der erlösende Exodus

Die Unterbrechung eines – wie es scheint – unentrinnbar sich erfüllenden Sünde-Unheil-Zusammenhangs ist für uns im ausgehenden 20. Jahrhundert von neuem zu einer Hoffnung wider alle Wahrscheinlichkeit geworden; gewiß nicht mehr die von Gott durch Dekret aufgrund eines ihm dargebrachten Opfers bewirkte Unterbrechung eines um des „metaphysischen Ausgleichs" willen zwangsläufig abrollenden Tun-Ergehen-Zusammenhangs, sondern die Unterbrechung einer von unheilwirkenden Lebensentwürfen und Systemstrukturen ausgehenden Unheilsdynamik. In dieser Unheilsdynamik realisiert sich ja konkret die Schuld, die unser Leben auf Kosten von... anhäuft, die Zerstörung, die die Sicherung unserer Lebensverhältnisse nach sich zieht. Sie ist nicht durch eine Ersatzleistung – ein stellvertretendes Opfer – zu tilgen. Sie ist ein Verhängnis, das nur durch ein neues Leben aufgehalten und – soweit menschliche Vorstellungskraft reicht – doch nicht ungeschehen gemacht würde.

Könnte soteriologisch dennoch daran festgehalten werden, daß Gott – mit der Sendung des „Sohnes" Jesus Christus, seiner vorbehaltlos liebenden Zuwendung zu den Menschen in Person – die Herauslösung ermöglicht? Kann gedacht werden, daß Jesu bis in den Tod durchgehaltene Sendung Heil wirkte und wirkt, da sie dem Sünder die Möglichkeit der Umkehr – die Möglichkeit eines neuen Lebens – begründet, da sie ihm in diesem Sinne zur herauslösenden Sühne wird? Die Sendung Jesu ist für die ihm Glaubenden das Pascha-Ereignis, das den neuen Exodus einleitet, der Weg, auf dem die Glaubenden dem *archegos* zu neuem Leben nachfolgen können (vgl. Joh 14,6; Apg 3,15). Wer in seinen „Fußspuren" (1 Petr 2,21) den Weg der Nachfolge zu finden versucht, wer um seinen Geist aufrichtig bittet und sich von ihm ergreifen läßt, für den hat der Exodus schon begonnen, der ist im Herrschaftsbereich der Mächte nicht mehr rettungslos gefangen. Jesus Christus ist der Weg in Person; er ist die Herausforderung in Person, ihn zu gehen. Er ist der Spiegel in Person, an und in dem jedermann sehen kann, wie er selbst in Besitz genommen ist von den „Mächten", die in den unheilvollen Lebensentwürfen und Systemstrukturen herrschen – wie er den falschen, unheilbringenden Göttern dienstbar ist, wie er Schuld anhäuft mit seiner Art zu leben. Und er ist die Ikone des wahren, des lebendigen und lebenschaffenden Gottes (2 Kor 4,4; Kol 1,15), in der wahrnehmbar wird, wie der Geist des Lebens, der vom wahren Gott ausgeht und zu ihm zurückführt, in einem zutiefst menschlichen und gottverbundenen Leben Gestalt gewinnen will; in der anschaubar wird, was aus einem Menschenleben werden kann, wenn es sich von diesem Geist ergreifen und herausfordern läßt.

Die verheißungsvolle, herauslösende Herausforderung, die er in Person ist, begegnet gleichwohl als Herausforderung auf Leben und Tod: Wer – an ihm – sehen kann, wie Gott Heil wirkt, wie Gottes Herrschaft kommt, der ist zur Entscheidung herausgefordert, zu glauben, was er „gesehen" hat, und konsequent den Exodus zu wagen, oder das Gesehene zu verdrängen, äußerstenfalls den Spiegel – die Ikone – zu zerschlagen, worin ihm die schlechthin herausfordernde Wahrheit seiner selbst und seines Gottes sichtbar wurde.

Das Kreuz Jesu Christi steht für einen hilflos aggressiven Gegenschlag, dem kein Schlag vorausging, sondern der „Versuch Gottes", den Menschen in Jesus Christus mit seiner verheißungsvollen Herausforderung nahezukommen. Es steht aber auch für Gottes Entschlossenheit, sich von diesem Gegenschlag nicht besiegen oder das Gesetz seines Handelns vorgeben zu lassen. Der Gott und Vater Jesu Christi transsubstantiiert das Zeichen der Verweigerung zum Zeichen seiner unbegreiflichen neuen Zuwendung, zum Gründungs-Opfer des Neuen Bundes. Er vergegenwärtigt die verheißungsvolle Herausforderung, von der die nichts wissen wollten, die das wahre Paschalamm „schlachteten", um den Exodus nicht wagen zu müssen; er vergegenwärtigt sie in der Gemeinde der zum Osterglauben Bekehrten und um den endzeitlichen Geist Bittenden.

Dieses soteriologische Plakat ist vielleicht mit allzu grellen und hellen Farben gemalt – jedenfalls was die Gestalt der „neuen

Exodusgemeinde" angeht. Der neue, wirklich herauslösende Exodus wird ja auch in ihr kaum gewagt; der herausfordernde Geist der Endzeit, der den Erhöhten in der Gemeinde vergegenwärtigt, er wird in ihr ja so oft nur mit den Lippen, nicht mit den Herzen herbeigefleht. So hat sie weiß Gott nicht den geringsten Anlaß, sich der Exodusgemeinde Israel überlegen zu fühlen oder ihr gar die „Schlachtung des wahren Osterlammes" anzulasten. Und so ist es dann in ihr auch so, wie es in einer halb- oder viertelherzigen Exodusgemeinde gar nicht anders sein kann: daß die Herrschaft der Mächte zwar gebrochen ist, aber wirksam bleibt, wo immer man ihnen noch Tribut zollt, daß der Weg der Nachfolge in die Freiheit der Kinder Gottes zwar beschworen, aber selten wirklich unter die Füße genommen und dann auch noch oft genug umgebogen wird, so daß er endet, wo er angefangen hat.

Aber es bleibt in dieser Gemeinde doch auch das Verlangen nach dem Geist der Freiheit, der die Circuli vitiosi aufbricht, der den Erhöhten vergegenwärtigt und seine verheißungsvolle Herausforderung, seinen Weg der Befreiung aus der Umklammerung durch die „Mächte" anbahnt. Und es bleibt auch die Erinnerung daran, daß auf diesem Weg immer wieder ein paar Schritte möglich waren; die Hoffnung darauf, daß der Geist und darin die Freiheit, die da erfahrbar waren, „Anzahlung" sind auf das, was uns erwartet, wenn wir wenigstens nicht dieses Verlangen nach dem Geist in unserer Mitte verlöschen lassen (vgl. 2 Kor 1,22; 5,5; Eph 1,14). Der herbeigerufene Geist öffnet das vitale Verlangen nach der Befreiung von den Mächten, die mit ihrer ausbeutenden Herrschaft alles bedeutungslos – „vergänglich" – machen, auf die Sehnsucht nach der „Freiheit und Herrlichkeit der Kinder Gottes" in Gottes endzeitlicher Herrschaft (vgl. Röm 8,18-29). Der Geist bewirkt, daß die von ihm Ergriffenen sich nach einer Zukunft, nach einer Erlösung, ausstrecken, vor der das von den Mächten Versprochene als das erscheint, was es in Wahrheit ist: Surrogat, vertröstender Ersatz.

Von dieser Geist-Erfahrung her wäre zurückzukommen auf die Soteriologie und die Liturgie des „Opfers" im Neuen Bund, der den Ersten Bund ja nicht abgelöst hat, sondern mit der eschatologischen Geistsendung in den „Herzen" der Gläubigen wahrmachen will.

5. Das lebendige, heilige und Gott wohlgefällige Opfer (Röm 12,1; Eph 5,2)

Opfer kann nun definitiv nicht mehr als manipulativer religiöser Akt verstanden werden, als eine freiwillige Ersatzleistung für all das, was man sich „herausgenommen" hat, als Leistung an die Macht des Schicksals, mit der man das mit bösem Tun verwirkte üble Ergehen noch abwenden und den zu Recht erzürnten Schicksalsgott mit einer Versöhnungsgabe umstimmen will. Das Opfer darf nun sein, was es in authentischer Religiosität zumal in Israel immer war: expressive Geste des Sich-Ausstreckens nach dem, der es annimmt, der in ihm die Opfernden selbst „an sich zieht" – mit all der Schuld, in die sie sich verstrickt haben und die sie fortzeugen. Die Opfergabe, der Opferritus, sollen ja die gestörte Einheit mit dem Empfänger des Opfers erneuern und seine gnädige Gegenwart auf die Opfernden herabrufen (vgl. dazu ausführlicher meine Soteriologie. Leitfaden Theologie 16, Düsseldorf 1990, 240-275). Mit den Gaben – den Früchten ihrer Arbeit, die ja zugleich Medien der Gemeinschaft sind – bieten die Opfernden sich selbst Gott an, suchen sie *seine* Gemeinschaft. Sie strecken ihre Hände nach ihm aus (*offerunt*), um von ihm angenommen zu werden, ihm angehören zu dürfen. Und der das Opfer annehmende Gott nimmt mit ihrer Gabe die Opfernden selbst an. Er bejaht sie und heißt sie gut trotz all der Verfehlungen, trotz ihrer Endlichkeit und Hilflosigkeit, in ihren Ängsten und ihrer Sehnsucht, ihrer Schuld, deren sie sich opfernd bewußt werden. Auf den expressiv-identifikatorischen Akt des Opferns antwortet der Empfänger seinerseits mit Identifikation: Er ist denen hilfreicherbarmend nahe, die sich opfernd nach ihm ausstrecken; er sagt sich ihnen zu in ihrem endlichen, bedrohten Dasein.

Vor diesem Hintergrund erscheint der Menschensohn Jesus als das Opfer der Menschheit: als ihre Bitte um Annahme, um Gottes erbarmende Gegenwart *in Person*. Seine Bitte um Ankunft der Gottesherrschaft, sein Sich-Ausstrecken nach ihr bezeugt schon ihre verborgene aber wirksame Gegenwart. Gott kommt der Bitte in seinem Geist zuvor; und der menschgewordene Logos ist Gottes zuvorkommendes *Ja in Person* (vgl. 2 Kor 1,19f.), das Geist-Ereignis der Identifikation Gottes mit den ihm widerstrebenden, in Angst und falschen Loyalitäten verlorenen und verstrickten Menschen. Die von ihm Gefundenen strecken sich mit dem Menschen- und Gottessohn – in der Sehnsuchtskraft seines Geistes – nach ihrem Vater aus, nicht um ihn zu manipulieren, ihn zum Strafnachlaß zu „motivieren"; sie strecken sich nach seiner Herrschaft aus im Glauben daran, daß ihnen „alles" gegeben wird, dessen sie bedürfen. Das Opfer des Menschensohns ist die vom Geist gewirkte „Einsammlung" seines Lebens in diese Geste des Sich-Ausstreckens, in, mit und unter der zu den Menschen Gottes Herrschaft kommt. Wo seine Menschenschwestern und Menschenbrüder mit ihm „opfern", da begehen sie diese Geste als erhörungsgewisse Bitte um den Geist des Reiches, um das Kommen seines Reiches. Es liegt nahe, hier eine theologische Theorie sakramentaler Gesten anzuschließen, mit denen in der Nachfolge des am Kreuz „Geopferten", des „Anführers" auf dem Weg in die Gottesherrschaft, herbeigerufen wird, was in der Geste des Herbeirufens schon ankommt. In der Feier der Eucharistie geschieht ja eben dies: daß sich die Gemeinde mit hineinnehmen läßt in das *offerimus*, das die Wandlung erbittet und ihrer im Glauben gewiß ist: die Verwandlung zur neuen Schöpfung, in der, hier und jetzt beginnend, zum Tragen kommen wird, was Gott seinen Geschöpfen zugedacht hat – und abverlangt, abverlangen kann, weil sie in der Gemeinschaft mit seinem Sohn Frucht bringen können, wie sie der wahren Umkehr – der *metanoia* (Mt 3,8; Lk 3,8) – entspricht.

Zu solcher *metanoia* gehörte dann aber auch, daß man sich umwendet – hinwendet – zu denen, die wir zu Opfern machen; die wir dazu verurteilen, *die* Opfer zu bringen und *die* Lasten zu tragen, denen wir uns entziehen. Umkehr öffnet und erfordert den klaren Blick für die „sozialen Kosten" unserer Lebensweise, die igendwann und von irgendwem bezahlt werden müssen – nicht aufgrund einer metaphysischen Logik des Bezahlenmüssens, sondern wegen eines in menschlichem Handeln sich ausbreitenden Unheils, das von der gottgegebenen „Gutheit" der Schöpfung nicht mehr einfach „aufgefangen" und „ausgeglichen" werden kann. Umkehr fordert die Bereitschaft, sich den Opfern – der Mühe, den Verzichten – zu stellen, die es kostet, wenn Leben und Welt geteilt werden, wenn Gerechtigkeit und Friede unter den Menschen Wurzeln schlagen sollen.

6. Biblische Besinnung: Müssen Opfer sein?

6.1 Gestorben zur Sühne für unsere Sünden
(Mk 10,42-45)

Das Kreuz des Einen und die Vielen, die daran teilhaben

Ungezählte Menschen sind seit der Kreuzigung Jesu gefoltert und grausam ums Leben gebracht worden. Was Jesus widerfuhr, ist nicht die schlimme Ausnahme in einer ansonsten friedlichen und von Gerechtigkeit geprägten Weltgeschichte. Die rücksichtslose Selbstbehauptung der Herren dieser Welt, die fanatische Unduldsamkeit ihrer Ideologien machen den Widerspruch vielerorts bis auf den heutigen Tag zum lebensgefährlichen Wagnis: Es ist lebensgefährlich, sich für die Rechte der von ihrem Land vertriebenen Bauern in Brasilien einzusetzen; es ist lebensgefährlich, in Algerien für die Presse- und Meinungsfreiheit einzutreten. Der Tod als das von Menschen verhängte und grausam vollstreckte Schicksal – offenbar müssen sich die Mächtigen an ihren wehrlosen Mitmenschen immer wieder als die Herren über Leben und Tod beweisen.

Ist es nicht zumindest wirklichkeitsfremd, wenn die Christen angesichts dieser unaufhörlichen Orgie des Tötens doch immer wieder auf diesen *einen* Tod – auf den Tod ihres Herrn Jesus Christus – schauen, wenn sie nicht loskommen von der Frage, was dieser Tod für sie – für alle Menschen – zu bedeuten hat? Aber wir können nicht anders, als diese Frage zu stellen, denn mit Jesu Tod ist für uns das Verhältnis von Gott und Tod, von Gott und Menschheit selbst zur Frage geworden: Wenn Jesus Christus der Bote, der endzeitliche Prophet Gottes war, wenn er Gottes Sohn, *Gottes Gegenwart* unter den Menschen in Person, wenn er der *Immanuel* war, wie konnte es der Vater dann zulassen, daß die Menschen Macht über ihn gewannen und ihn dem Tod überlieferten? Ist *er* oder sind *sie* die Herren über Leben und Tod; läßt er sich in und mit seinem Sohn aus der Menschenwelt herausdrängen? Gibt er sich geschlagen angesichts eines Menschengeschlechts, das zu allem entschlossen scheint? Oder ist der, der im Namen Gottes sprach und handelte, doch der Sohn, der in allem mit dem Vater Gemeinschaft hat und den Menschen an dieser Gemeinschaft Anteil geben will?

Warum „mußte" der Sohn leiden und sterben?

Diese Fragen bewegten die Christen von Anfang an; und man kann nicht sagen, daß sie jemals mit ihnen „fertig" geworden wären. Der Tod Jesu konnte doch nicht nur Scheitern bedeuten: das Scheitern Gottes in der Welt oder das Scheitern Jesu mit seinem Anspruch, die Gegenwart Gottes unter den Menschen zu sein. Der Tod Jesu konnte auch nicht einfach nur ein „Betriebsunfall" auf dem Weg zurück zum Vater sein; wie hätte der Vater einen solchen „Unfall" zulassen können! Warum also *mußte* der Sohn leiden und sterben? Warum konnte dieser Kelch nicht an ihm vorübergehen (vgl. Mk 14,36 par.)?

Der sühnende „Gottesknecht"

Für die Theologen der frühen Christenheit lag es nahe, Jesu Leiden und Sterben von der Gottesoffenbarung des Alten Testaments her zu verstehen und etwa in der Gestalt des *leidenden Gottesknechts* beim Propheten (Deutero-)Jesaja vorabgebildet zu sehen. Trifft es nicht das Schicksal Jesu, wenn vom Gottesknecht gesagt wird: „Verachtet war er, von Menschen gemieden, ein Mann der Schmerzen, mit Krankheit vertraut" (Jes 53,3)? Darf man dann nicht auch mit Jesaja von ihm sagen: „Für unsere Frevel wurde er durchbohrt, zerschlagen wegen unserer Missetaten. Züchtigung für unser Heil lag auf ihm, durch seine Wunde ward uns Heilung zuteil" (53,5)? Jesus Christus hat wegen unserer Sünden gelitten; mit seinem Tod wurde er zur Sühne für die Sünden des Menschengeschlechts – so haben mit Paulus viele Theologen das Todesschicksal Jesu gedeutet. Aber weshalb muß ein Unschuldiger für die Sünden der Menschheit leiden und sterben?
Auch diese Frage ließ sich vom Alten Testament her beantworten. Die Sünde des Volkes fordert *Sühne*, wenn sie sich nicht in einem unheilvollen Schicksal an den Schuldigen und an ihren Angehörigen erfüllen soll. Und Jahwe selbst eröffnet seinem Volk die Möglichkeit der Sühne: Das ihm vorbehaltene und deshalb nicht zum Verzehr freigegebene Blut der Opfertiere und die Vertreibung des „Sündenbocks" löst das Volk aus der Gefangenschaft seines unheilvollen Lebens, aus der Verstrickung in den Unheilszusammenhang seiner bösen Taten aus.

Stellvertretend erlittene Todesstrafe?

Jesu Wort, der Menschensohn sei gekommen, sein Leben als *Lösegeld* für die Vielen hinzugeben (Mk 10,45), konnte als Hinweis darauf verstanden werden, daß er seinen Tod in diesem Sinne als stellvertretende Sühneleistung verstand: Jesus, der Sündenbock, das Opferlamm, dessen Blut vergossen werden muß, damit die Menschen nicht die eigentlich verdiente ewige Verdammnis trifft – für eine christliche Theologie und Verkündigung, die den alttestamentlichen Hintergrund des Sühnerituals nicht mehr kannte, stellten sich die Zusammenhänge so dar, als fordere der „gerechte" Gott die Vollstreckung der verdienten Todesstrafe entweder am Menschengeschlecht (als ewige Verdammnis) oder an einem göttlich-menschlichen Stellvertreter, der wegen seiner Göttlichkeit für das ganze Menschengeschlecht „sühnen" konnte. Die verheerenden Konsequenzen dieser Vorstellungen für das Gottesbild der Christen braucht man nicht weitläufig auszumalen; sie belasten unsere Frömmigkeit heute noch: Der zornige Vater, der Blut sehen will und nur durch das vergossene Blut seines Sohnes besänftigt werden kann – hat dieses Bild überhaupt noch etwas zu tun mit dem Gott und Vater Jesu Christi, wie er uns in den Schriften des Neuen Testaments nahegebracht wird?

Sühne er-löst

Kein Zweifel: Theologie und Verkündigung müssen in anderer Weise vom Todesschicksal Jesu und seiner Heilsamkeit sprechen lernen. Vielleicht ist es dafür sogar hilfreich, etwas genauer auf die alttestamentlichen Sühnevorstellungen zu schauen und zu fragen, wo sie uns Deutungshilfen für das Leben und das Geschick Jesu geben können. Zunächst ist es wichtig zu sehen, was die Sühne im Alten Testament eigentlich bewirken soll. Sie soll die Sünder *herauslösen* aus der Verstrickung in verhängnisvolle Zwangsläufigkeiten, die aus der Sünde immer neues Unglück hervorgehen lassen. Kennen wir solche Zwangsläufigkeiten nicht auch aus unserer Lebenswelt? Wenn Beziehungen erst einmal geschädigt sind, wenn erst einmal Mißtrauen gesät ist, dann wirkt fast alles, was man tut, daran mit, daß „das Maß voll wird", daß sich etwas gegenseitig

„hochschaukelt". Wer wüßte nicht, wie so etwas funktioniert – im privaten wie im politischen Bereich. Man könnte auch auf die Zwangsläufigkeiten hinweisen, die schnell zu „Sachzwängen" erklärt werden und Lebenseinstellungen und Formen des Wirtschaftens fördern, mit denen wir die Natur oder andere Völker nur immer noch mehr ausbeuten, bis – ja, bis das alles einmal unweigerlich auf uns zurückschlagen wird. Die Erfahrung des Verstricktseins ist uns – weiß Gott – nicht fremd. Aber was könnte uns herauslösen, *er-lösen* aus der falschen Einstellung und Einrichtung unseres Lebens, was könnte unserem Leben eine neue Richtung geben?

Gottes Versöhnungsangebot

Wieder ein Blick ins Alte Testament: Im sühnenden Opfer wurde denen, die der Sühne bedurften, *der Spiegel vorgehalten*: Das Blut, das hier vergossen wird, erinnert es Dich nicht an das Blut, das an Deinen Händen klebt? Und der Sündenbock, der in die Wüste getrieben wird und mit dem gleichsam das Böse aus der Mitte der Gemeinde „weggejagt" werden soll, erinnert er Dich nicht daran, wie Du das Böse unter den Menschen immer wieder anfängst und noch schlimmer machst? Im Sühneritual begegnen die Sünder der symbolischen Vergegenständlichung ihrer Sünde. Und diese Begegnung stellt sie vor die Frage, ob sie einfach so weitermachen wollen, ob sie sich weiter gegen Gott und die Liebe verhärten, ob sie weiter Haß und Tod in der Welt mächtig machen wollen oder ob sie auf Gottes Versöhnungsangebot eingehen wollen: auf das Angebot, den falschen Weg zu verlassen und – mit Gott – das Gute, den Frieden in die Welt zu bringen. Darin also liegt der Sinn der alttestamentlichen Sühne: Das dargebrachte Opfer ist Symbol all dessen, was wir mit unserem Haß und unserer Lebensfeindlichkeit „töten"; und es ist zugleich Zeichen für die dennoch durchgehaltene Versöhnungsbereitschaft Gottes – Gottes Versöhnungsangebot, Gottes „Bitte" an die Menschen, sich versöhnen zu lassen (vgl. 2 Kor 5,20). Wer sich – im Sühneritual – den Spiegel vorhalten läßt, der kann das „Opferlamm" als Gottes Versöhnungsangebot wahrnehmen und dieses Angebot ergreifen, der wird herausgelöst aus dem Unheilszusammenhang der Sünde, in den er sich verstrickt hat.

Jesus Christus, „Ort" der Er-lösung

Wie konnte man darauf kommen, den gekreuzigten Jesus von Nazaret in diesem Sinne als „Sühneort" darzustellen und zu glauben? Er ist seinen Mitmenschen tatsächlich als das große Fragezeichen in die Quere gekommen, als der persongewordene „Spiegel", in dem ihnen ihr eigener Weg, ihr Selbst- und Gottesverständnis zur Frage wurden; in dem ihnen die Frage zurückgespiegelt wurde, ob sie so weiterleben und weiterglauben konnten. Diese Erfahrung wird keinem von uns völlig fremd sein. Manche werden sie selbst in der Begegnung mit Jesus Christus gemacht haben. Andere haben in ihrer Umgebung einen Menschen, dessen herausfordernde, gütige Präsenz ihnen deutlich macht, worum es auch in ihrem Leben gehen könnte – und welcher Herausforderung sie ausweichen. Oder es ist eine Gestalt aus der (Kirchen-) Geschichte, die ihnen so in die Quere kommt. Der heilige Franziskus etwa mit der Botschaft seines radikal armen, konsequent die Versöhnung suchenden Lebens. Wer könnte einem solchen Leben gegenüber gleichgültig an der Selbstgewißheit festhalten? Aber wer kann die Herausforderung eine solches Lebens schon aushalten; wer kann es schon aushalten, sich den Spiegel vorhalten und die innersten Regungen des Herzens aufzeigen zu lassen?

Das ist gewiß nicht schon das herauslösende Sühne-Ereignis. Aber wer so den Spiegel vorgehalten bekommt, für den verliert das Weitermachen seine Selbstverständlichkeit. Zumindest dies drängt sich ihm auf – wenn er sich nahe gehen läßt, was er gesehen hat: daß es noch ein anderes Leben gibt, noch ganz andere Horizonte und Herausforderungen als die, die das „alte Leben" beherrschen. Da rückt einem eine „Wahrheit" auf den Leib, mit der man nicht so leicht fertig wird, mit der man zu kämpfen haben wird, vielleicht sogar auf Leben und Tod.

Er hält uns den Spiegel vor

Jesus hielt mit seinem Leben seinen Mitmenschen den Spiegel vor, indem er so lebte, wie es Gottes Willen für die Menschen entsprach. Er ließ keine Ausflucht gelten, keine „menschlichen Gesetze", mit denen man sich Gottes Willen zu entziehen versuchte. Und so brachte er die Menschen zu Gott. Er brachte sie so vor Gott, daß ihnen aufgehen mußte, wer Gott ist, was er – für sie und mit ihnen zusammen – will und wie sie sich immer schon Gottes Willen entziehen. Wer die Bergpredigt liest – wer sie „damals" hörte, und wer sie heute hört –, für den kann es eigentlich keine Unklarheiten mehr geben: Ja, so möchte uns Gott haben; denn nur so könnten wir menschlicher werden. Und wir sind doch die, die sich Gottes forderndem Willen entziehen, obwohl wir wissen, daß dieser göttliche Wille nur dies eine will: daß wir gute Menschen füreinander und an Gottes Liebe teilnehmende Menschen seien. Das ist doch kaum auszuhalten, Gottes Willen so unentrinnbar und deutlich vor sich zu sehen, so „nackt" vor Gott zu stehen.

Das Opfer des Zusammenhaltens

Das ist nur auszuhalten, wenn mir in dieser Herausforderung Gottes Güte nahekommt; wenn ich in der Herausforderung den spüre, bei dem ich in all meiner „Nacktheit" Zuflucht finde, jene Nähe eines guten Willens, dem ich mich rückhaltlos anvertrauen darf. Jesus von Nazaret hat in dieser Nähe gelebt; er hat sie gelebt, als *Gottes* Nähe. Das war seine Sendung; für sie hat er gelebt und um ihretwillen hat er den Verbrechertod nicht gescheut. Er wurde das „Opfer" der Nähe, die er gelebt hat. Er wurde ihr Opfer, weil er Gottes Gegenwart und die Gegenwart der Menschen zusammenhielt.
Opfer und Nähe gehören hier zusammen, weil nicht „zusammenpaßt", was Jesus zusammenhält und weil deshalb Gottes Nähe als Bedrohung erfahren werden muß. Wenn Gott sein Volk „heimsucht", ihm auf den Leib rückt, dann ist das Ende seiner Lebenslügen angesagt – und der Anfang der Wahrheit, mit der Gott sein Volk beschenken will. Anders ist seine Nähe gar nicht denkbar: als das Ende der Gottes- und der Wahrheitsverbergung, als die offenbarende Nähe, in der herauskommt, wer wir sind – und wer der Gott ist, der unsere Nähe sucht.
So geschah Gottes Nähe in Jesus von Nazaret. So geschah in dem, was er gelebt und gesagt hat, Gottes Herrschaft, die keine Unwahrhaftigkeit verträgt, weil in ihr die gute Wahrheit Gottes herrschen soll. Daß diese offenbarende Nähe Widerspruch provoziert, einen Widerspruch, der umso wütender ausfallen wird, je tiefer ihre Herausforderung empfunden wird, das kann man

gut verstehen. Vielleicht ist es ja tatsächlich so gewesen, daß die, die den „Spiegel Jesus" zerschlugen, die Herausforderung, die sich in ihm zeigte, so tief empfanden, daß sie mit ihr nicht mehr weiterleben konnten; daß deshalb dieser Eine sterben mußte statt des Volkes (vgl. Joh 11,50). Vielleicht waren gerade sie besonders nahe an der Wahrheit, die da nach ihnen greifen wollte.

Erlösende Nähe

Warum sie nicht gesehen haben, daß in der Herausforderung, in der „Zumutung Jesus" Gottes Zuwendung geschah? Wer sollte das wissen – und darüber richten! Die christlichen Kirchen schon gar nicht; in ihnen ist ja diese Zumutung Jesus oft so flach und moralistisch gehört worden, daß die Versuchung, sich mit allen vitalen Kräften gegen sie zu wehren, gar nicht erst aufkam. Aber es ist wohl so: Bei wem die Zumutung nicht ankommt, wem sie nicht auf den Leib rückt, der hat auch kein Sensorium für die Zusage. Wem nicht aufgeht, wohin sein Leben unterwegs ist, wenn es so weitergeht, worin es gefangen ist, wenn keine Befreiung geschieht, der wird nicht begreifen und glauben können, daß sie *jetzt* geschehen soll.
Und sie geschieht, wenn man sich an den Immanuel hält: an das Versprechen, das in ihm gegeben ist. Und das Versprechen lautet ganz einfach: Wer sich von Jesus zeigen läßt, was es bedeutet, in Gottes Gegenwart zu leben, und wer sich nach diesem Leben ausstreckt, mit dem fängt Gottes Geist dieses neue Leben an: mitten in den Schmerzen der Umkehr und in den Aggressionen, die sie hervorrufen; mitten in den Auswegslosigkeiten, die sich aufdrängen, wo die bisherigen Wege sich als Sackgassen herausstellen.

Herauslösung?

Wer von Gottes Wort nicht aus der Bahn geworfen wird, der kann den Weg nicht finden, der zur Gottesherrschaft führt. Wer nicht Anstoß nimmt an der Zumutung des „fleischgewordenen Wortes", dem kann nicht aufgehen, daß der Christus, in dem es gesprochen wurde, der Weg ist. Herauslösung aus den Zwängen eines unheilvollen und Unheil stiftenden Lebens geschieht,

wo aus der zutiefst irritierenden Zumutung das Versprechen herausgehört – geglaubt – werden kann, wo das Anstoßnehmen und Zu-Fall-Kommen am „Stolperstein Jesus" als der Anfang eines neuen Lebens aus der Wahrheit erfahren werden kann (vgl. 1 Petr 2,4-9).
Vielleicht dürfen wir dankbar sein, wenn uns die *Zumutung Jesus* nicht zum Stolperstein wird, an dem das alte Leben mit seinen Prioritäten und Hoffnungen zerbrechen muß, damit Gottes Geist das neue Leben anfangen kann. Vielleicht kommen wir „ungeschorener" davon, weil Gottes Geist unser Leben schon an sich gezogen und verwandelt hat, ehe wir auf die *Zumutung Jesus* stoßen. Aber vielleicht machen wir es uns auch zu leicht, wenn uns die Zumutung zu einer wohlwollenden moralischen Instanz abgeschliffen erscheint. Vielleicht macht es sich die Kirche zu leicht, wenn sie „ihren Herrn" in ein sakramentales Heilssystem einbaut – und sich von ihm ansonsten immer nur ins Recht gesetzt sieht.

Versöhnung am Kreuz

Wer von der Zumutung Jesus aus der Bahn geworfen und „bekehrt" wurde, der weiß zumindest etwas genauer als ich „Normalchrist", der das gerade aus der Entfernung erahnt, was denen widerfahren sein muß, die es bei dieser Zumutung nicht aushielten – und deshalb die Zusage nicht mehr hören konnten, die in ihr liegt.
Was ist das für ein Gott, der sich nicht zurückzieht, selbst als man sich der Zumutung seines fleischgewordenen Wortes am Kreuz zu entledigen suchte? Was ist das für ein Gott, der Versöhnung anbietet, wo das Schlimmste geschehen ist? Es ist der Gott Jesu von Nazaret, der Gott Israels, der seinen Namen noch einmal wahr macht: Ich werde für euch da sein und zugänglich sein, was auch immer geschieht. Er ist da. Er läßt sich nicht aus der Welt der Menschen herausdrängen, die in der Zumutung seiner Nähe nicht mehr die Verheißung spüren. Er ist da mit seinem Geist, der die Menschen aus ihren Gefängnissen holt, in denen sie sich Hören und Sehen abgewöhnt haben, in denen ihnen die Hoffnung auf Gott und das neue Leben abtrainiert wird. Er fängt neu an, wo die Akten geschlossen scheinen. Und wo er anfängt, da fängt etwas an, was nicht aufhören wird anzufan-

gen. Da fängt ein Leben an, über das der Tod keine Macht mehr hat, weil die Liebe über es Macht gewinnt. Wenn das tatsächlich stimmt, daß das Kreuz Jesu nicht für Gottferne, für „das Letzte" steht, dafür, daß Menschen ihre Hoffnung töten können; wenn es vielmehr dafür steht, daß Gott auch dieses Tötenwollen noch mit seinem Leben überbietet und es in denen, die sich nicht „tot stellen" und in ihren Gefängnissen bleiben wollen, neu anfängt – wenn das tatsächlich so ist, dann darf man in der Tradition Israels und aus der Erfahrung der Christen vom Kreuz Jesu als einem Sühnezeichen sprechen: als Ort der Erlösung, der befreienden Nähe Gottes.

6.2 Abrahams Opfer – Jesu Opfer (Gen 22,1-19)

Die Geschichte vom gerade noch verhinderten Isaak-Opfer bleibt anstößig, soviel man sie auch hin- und herwendet, so hilfreich die Erläuterungen auch sein mögen, mit denen uns die Exegeten den Zugang zu ihr etwas erleichtern. Ursprünglich gab die Erzählung wohl Auskunft über die Gründung eines Jahwe-Kultes an einem „heidnischen" Kultort, an dem man Kinderopfer dargebracht hatte. So gelesen bezeugt sie die Ablösung der Kinderopfer, die eben nur einem menschenfressenden Moloch-Gott dargebracht wurden, durch Tieropfer. Jahwe verlangt nicht, daß man ihm das Wertvollste zurückgibt, das er den Menschen zugedacht hatte: den Segen der Verheißung, der auf Sohn und Tochter liegt. Man opfert ihm in rechter Weise, wenn man ihm den schuldigen Gehorsam nicht verweigert.

Das Opfer des Gehorsams

Aber fordert er nicht geradezu· und im schlimmstmöglichen wörtlichen Sinn „Kadaver-Gehorsam"? Die Geschichte erzählt von einer Gehorsamsprüfung mit letztem Einsatz: Mehr kann Gehorsam nicht kosten, schwerer kann er nicht gemacht werden. Und Abraham erweist sich als ein „Held des Gehorsams". Seine „Gottesfurcht" und sein Gottvertrauen ersticken jeden Widerspruch gegen die Zumutung Jahwes im Keim. Für dieses Heldentum ist er in der Geschichte christlicher Verkündigung überschwenglich gelobt und als „Vorausbild" (Typos) Jesu gelobt worden, der dann allerdings *seinen* Gehorsam mit dem eigenen Leben habe bezahlen müssen.

Prüfung?

Der Gott, der auf die Probe stellt, er scheint es nötig zu haben, den Eigenwillen der Menschen niederzuwerfen, ihr Glücksverlangen zu brechen. Er will – so scheint es – die Menschen mit harter Hand dazu erziehen, an ihm auch da noch festzuhalten, wo sie nichts mehr „von ihm haben" – außer der Vernichtung ihres Glücks und dem Zerbrechen ihrer Hoffnung.
Aber vielleicht sollte man diese Lese- und Erzählperspektive umkehren. Viel spricht nämlich dafür, daß man sich die Geschichte von der gerade noch verhinderten Opferung des Isaak in der Königszeit, in der sie ihre endgültige Form fand, geradezu als Ermutigungsgeschichte erzählte. Prüfungen waren über das Volk gekommen; Prüfungen, in denen man an einem „Schönwettergott" hätte irre werden müssen. Offenbar war es eben nicht so, daß Jahwe sich als Garant individuellen und gemeinschaftlichen Wohlergehens in Anspruch nehmen ließ. Oder war er überhaupt ein machtloser Gott, der das Glück *seines* Volkes nicht durchzusetzen und zu gewährleisten verstand? Hatte sich das Vertrauen in ihn als „Fehlinvestition" erwiesen?

Gott der Prüfende?

Diese bittere Konsequenz war vermieden, wenn Jahwe selbst es war, der in all den Schicksalsschlägen und Katastrophen, angesichts derer man an ihm irre werden konnte, sein Volk auf die Probe stellte und zur Bewährung ihres Glaubensgehorsams herausforderte. Uns Heutigen mag das als theologischer Gewaltstreich vorkommen; geführt von religiösen Fanatikern, die ihrem Gott alles zutrauten – damit sie ihm noch länger vertrauen konnten.
Das ist unsere Perspektive, die Perspektive von in ihrem Glauben und Gottvertrauen tief verunsicherten Menschen. Sie mißtrauen dem Erzähler der Geschichte vom Isaakopfer: Bedient er sich nicht eines gigantischen Tricks? Die Psychoanalytiker nennen ihn „Identifikation mit dem Aggressor"; und er funktioniert nach der Logik: Immer noch besser, sich mit dem

übermächtig Zuschlagenden zu identifizieren und so die Zuneigung zu ihm zu retten, als in den Schicksalsschlägen und Katastrophen das Grundvertrauen auf den guten Ausgang zu verlieren.
Für die Autoren unserer Geschichte sah das doch wohl anders aus. Sie mußten einen Weg finden, über den „Schönwettergott-Glauben" hinauszukommen, der jeden Schicksalsschlag zum Einwand gegen Gottes Bundestreue und Fürsorge für sein Volk werden ließ. So versuchte man vorsichtig und entschieden zugleich, Gott auch noch mit dem Bedrohlichen und Zerstörerischen zusammenzubringen – damit der Gott des Bundes davon nicht widerlegt werde.

Müssen Opfer sein?

Aber auch diese Erläuterung macht mir die Geschichte vom Isaakopfer nicht viel erträglicher. Zu hoch scheint der Preis für den theologischen Gewinn, an den Bundesgott Jahwe weiterhin glauben zu können. Verlangt er denn wirklich dieses Opfer eines blinden Gehorsams, der das Unerträgliche als Probe auf die Glaubenstreue annimmt und hinnimmt? Verlangt er zumindest *dieses* Opfer, wenn er schon die Kinderopfer erläßt?
Ich kann mit der Geschichte nicht so weit mitgehen und Gott nicht so – als den auf die Probe Stellenden – zusammenbringen mit Katastrophen und dem unermeßlichen Leid der ungezählten Opfer unseres Jahrhunderts. Er hat sie nicht gefordert; und es wäre blasphemisch, sie als zur Prüfung von ihm ins Werk gesetzt zu deuten.
Aber wie ist es mit dem Opfer Jesu? Müssen Christen nicht so weit gehen, daß sie wenigstens dieses Opfer noch als vom göttlichen Vater gefordert – und eben nicht mehr im letzten Augenblick verhindert – verstehen? Und stellt sich dann nicht verschärft die Frage danach, ob Opfer wirklich sein müssen: vor Gott, für Gott?
Die theologischen Parallelen zwischen dem gerade noch verhinderten Isaak-Opfer und dem Jesus-Opfer sind bemerkenswert. Die beiden Opfergeschichten werden zumindest *auch* deshalb erzählt, weil sie die Überwindung einer bestimmten Form des Opferkultes darstellen sollen: Die Geschichte von der „Bindung des Isaak" erzählt die Ablösung des Kinderopfers an Mo-

loch durch Tieropfer, die Jesus-Geschichte die Ablösung der blutigen Tieropfer im Tempel durch die „lebendigen und heiligen Opfer" (Röm 12,1) gläubiger Selbstübergabe. Aber es bleibt jedesmal ein irritierender Frageüberhang; es bleibt die Frage, weshalb Opfer überhaupt „gottgefällig" sein sollen – warum die Bibel von den Opfern einfach nicht loskommt, so sehr in ihr immer wieder von einer Verwandlung des Opferkults erzählt wird.

In diesen Fragen meldet sich der Widerstand gegen einen Gott, der „etwas verlangt", der Opfer verlangt. Und dieser Widerstand hat sein Recht. Er wehrt sich gegen die Unterwerfung unter lebensfeindliche, leidverursachende Moloch-Götzen aller Art, gegen die fromme Identifikation mit dem Aggressor. Aber man kann es sich dabei mit Gott auch zu leicht machen und sich zu schnell bei einem „Schönwettergott" emotional in Sicherheit bringen: bei einem Gott, der den Menschen etwas Trost und religiöses Erleben, etwas Sinn und Halt spendiert, aber es längst aufgegeben hat, noch etwas von ihnen zu verlangen – der ihnen die Opfer großmütig erlassen hat und sie fortwährend ermutigt, sich nicht nur ihres eigenen Verstandes, sondern auch der von ihm entdeckten Kräfte resolut zu bedienen.

Ein Gott, der etwas verlangt?

Es ist gefährlich, so zu reden. Allzuviele Menschen sind in der Glaubensgeschichte damit manipuliert worden, daß man ihnen beibrachte, was Gott von ihnen verlangt – was sie ihm zum Opfer zu bringen haben: an Freude und Lust, an Selbständigkeit, an Entfaltungsmöglichkeiten. Das ist die eine Seite. Aber es gibt noch eine andere, die man leicht verdrängt. Wenn etwas unter Menschen wachsen und fruchtbar werden soll, so verlangt das Opfer oft genug einschneidende, freiheitseinschränkende Verzichte. Es kostet etwas, einem Menschen die Treue zu halten, jungen Menschen den Weg in ihr eigenes Leben zu bahnen, alte Menschen nicht einfach „abzuhängen". Es würde sehr viel kosten, die nachwachsenden Generationen nicht mit den jetzt getroffenen oder verweigerten Entscheidungen im Stich zu lassen; es kostet viel, meine Lebensform und Lebensumstände als Herausforderung anzunehmen und ihnen nicht zu entfliehen in die vermeintlich bessere Alternative, in ein Schlaraffenland, wo eben nicht so viel durch Opfer „erkauft" werden muß.

So bleibt eben doch die Frage: Sind wir bereit, die Zumutungen des Hergeben-, des Verzichten- und Abschiednehmenmüssens als „Erprobung" anzunehmen: als Probe darauf, ob ich bereit bin, etwas zu tun (oder zu lassen) dafür, daß das Glück der Treue, die reife Selbständigkeit unserer Kinder, das Vertrauen in unseren Lebensgemeinschaften, mein Leben und das Leben der auf mich Angewiesenen wachsen können; als Probe darauf, ob uns die hehren Ideale und vielbeschworenen Werte etwas kosten dürfen an Umkehr und Verzicht. Und es bleibt die Frage an unseren Glauben, ob wir unseren „lieben" Gott in der harten Forderung nach Opfern um der Rettung seiner Schöpfung willen mitsprechen und fordern hören.

Theologie bei Wewel

Gestalten des Alten Testaments in Erwachsenenbildung, Predigt und Unterricht

Die „Stammväter des Glaubens" in ihren menschlichen und religiösen Dimensionen wiederzuentdecken und für die religiöse Praxis zugänglich zu machen, ist das Ziel der drei kleinen Monographien. Jeder Band umfaßt eine biblisch-theologische Einführung, die Hintergründe klärt und Interpretationen des biblischen Textes anbietet. Dem folgen jeweils konkret ausgearbeitete Hilfen für die katechetische und pastorale Praxis: Predigtmodelle, (Bild-)Meditationen und Materialien für die kirchliche Erwachsenenbildung.

Abraham
Die drei großen Weltreligionen – Judentum, Christentum, Islam – beziehen sich auf ihn als ihren „Vater des Glaubens". Gleichzeitig haben die Völker dieser Religionen noch nie in Frieden miteinander gelebt. Angesichts des begonnenen, aber stets gefährdeten Friedensprozesses im Nahen Osten ist eine „abrahamische Ökumene" (K.-J. Kuschel) dringend gefordert.
ISBN 3-87904-200-4

Jakob
Der zweite Sohn Isaaks: Durch ein Linsengericht erkauft er von seinem älteren Bruder Esau das Erstgeburtsrecht und erschleicht von seinem blinden Vater den Segen des Erstgeborenen. Jakob – ein skrupelloser Karrierist und Betrüger? Oder der Inbegriff der Treue und Beharrlichkeit, dokumentiert durch die stetige und verläßliche Liebe zu Rahel? Eine Annäherung an eine stark polarisierte Gestalt des Alten Testaments.
ISBN 3-87904-201-2

Josef
Die wechselvolle Geschichte Josefs, seine Aussetzung durch die Brüder, sein Aufstieg aus Knechtsdiensten in Ägypten, seine Verleumdung, der tiefe soziale Fall und Wiederaufstieg als Traumdeuter und „Wirtschaftsminister" des Pharao spricht die Menschen über alle Zeiten hinweg an.
ISBN 3-87904-202-0